LA MONARCHIE

TRADITIONNELLE

LA RÉVOLUTION ET LA LIBERTÉ

PAR

Raoul DUPARC

Vitam impendere vero.
JUVÉNAL, sat. IV.

LYON

IMPRIMERIE PITRAT AÎNÉ

4, RUE GENTIL, 4

1890

LA
MONARCHIE

TRADITIONNELLE

LA RÉVOLUTION ET LA LIBERTÉ

PAR

RAOUL DUPARC

Vitam impendere vero.
JUVÉNAL, sat. IV.

LYON

IMPRIMERIE PITRAT AINÉ

4, RUE GENTIL, 4

1890

INTRODUCTION

De toutes les questions qui préoccupent aujourd'hui les esprits, il n'en est pas de plus importantes que celles qui intéressent à la fois notre existence nationale et l'avenir politique, social, économique, moral et religieux de la France.

Après un siècle de révolutions, ces mêmes questions se posent encore à cette heure, et il ne paraît pas que la solution soit de beaucoup avancée.

Plus que jamais cependant cette tâche s'impose aux esprits sérieux, à tous ceux qui exercent sur leurs semblables quelque influence. Chacun de nous reconnaît la nécessité impérieuse de s'orienter dans un tel dédale d'opinions, de faits et de doctrines. Les maux du présent, les sombres horizons de l'avenir ont de quoi nous troubler dans notre insouciante sécurité. Fatigués d'un régime dissolvant et corrupteur, tous, nous avons le devoir de parler, car, la France elle-même éprouve comme un immense besoin de se retourner au moins sur son lit de douleur. Il faut d'ailleurs une conclusion aux grandes crises. Elles doivent se terminer et se calmer par la conciliation des éléments en conflit. Mais un tel but ne saurait être atteint qu'à la condition qu'un peuple consente à se recueillir, à s'interroger lui-même, à descendre dans sa propre conscience, à reconnaître ses erreurs et ses fautes. La période de centenaires que nous traversons et qui ramène, malgré nous nos pensées en arrière est éminemment propre à cette sorte de con-fession nationale, dans laquelle l'âme de la patrie est appelée à se retremper et dont elle peut sortir purifiée. Le résultat fécond de ces époques commémoratives est, non point de nous donner de vains spectacles, mais de remuer profondément les esprits, de mettre en lumière beaucoup d'idées, de provoquer, pour ainsi dire, l'éruption du mal invisible qui étouffe le corps social.

La même obligation nous lie tous, qui que nous soyons, paysans, ouvriers, bourgeois, fonctionnaires. Nous devons ouvrir nos esprits aux conseils du bon sens. L'histoire nationale nous enseigne que dans les grandes crises qui ont déchiré notre pays, le bon sens ne s'est jamais perdu. Au-dessus des compétitions de personnes, des rivalités de partis, un parti national s'est toujours élevé et a fini par faire justice des sophismes et des paradoxes. Ce que voulaient, au XIVe siècle et au temps de la Ligue, ces *marmousets* et ces *politiques* qui chassèrent les démagogues et les usurpateurs, en 1795 les bourgeois qui renversèrent la Convention, nous le voulons encore aujourd'hui : c'est le triomphe de la raison et de l'intérêt général, c'est l'ordre et la liberté, c'est le relèvement de la France et l'union de tous les Français. Si nous n'avons ni le génie politique de ceux qui préparèrent le règne réparateur de Charles V, ni la puissante ironie des auteurs de la Satire Ménippée, nul ne refusera du moins de reconnaître en nous la sincérité et la droiture des intentions. C'est à tous ceux qui sentent battre dans leur poitrine un cœur vraiment français que nous venons faire appel, car, nous croyons qu'il importe de détruire des haines sté-riles, de calmer des passions délirantes, de refaire enfin cette puissante unité d'idées, cette communauté de pensées et de senti-ments qui a été toute la force de notre passé monarchique et que la révolution a brisée.

Le relèvement de la France est étroitement lié à celui des traditions, à l'union de celles-ci avec l'esprit moderne, à la con-damnation de nos préjugés et de nos erreurs, au redressement de

l'esprit français lui-même. Ne point le reconnaître, c'est s'exposer
à la ruine. La Suède au siècle dernier a su échapper au péril,
mais la Pologne a sombré. La tâche qui s'impose à nous, consiste donc à faire la part de l'erreur et celle de la vérité dans les
opinions que ce siècle a vues naître, à montrer par l'absurdité des
conséquences la fausseté des principes et par la fécondité des
germes qu'elle renferme la puissance de la tradition, à arracher
enfin de nos âmes ces idoles que la passion et l'erreur y ont élevées,
pour y replacer, comme dans un sanctuaire inviolable, les seules
divinités dignes d'y résider, l'amour et la vérité.

L'unique moyen de recomposer l'âme de la patrie est de refaire
son unité morale, de préciser les principes fondamentaux de la vie
nationale, de rechercher dans quelles conditions ils sont applicables.
Car, il ne s'agit point de restaurer des ruines ni de remonter un
courant. Toute tentative de cette sorte serait impuissante et insensée.
Mais on peut se proposer la tâche raisonnable et féconde de concilier
les vérités anciennes avec les nouvelles, et de rechercher le rapport
qui les unit dans une vérité supérieure. Bien loin d'abandonner
les deux anneaux brisés de la chaîne, il est utile de s'efforcer de
les rattacher l'un à l'autre. Ce qui manque à la France, c'est un
régime national, qui s'appuie à la fois sur le passé et sur le présent; un état politique où s'opèrerait par des sacrifices réciproques,
la conciliation nécessaire du fait et du droit.

Rien n'est plus difficile que de démêler et d'analyser les éléments
divers qui composent la vie d'un peuple, particulièrement dans
les temps de crise pareils à ceux que nous traversons. Mille
influences unissent leur action, mille causes s'entre-choquent : le
sol, le climat, la race, la situation géographique, les besoins
physiques et moraux, les traditions, les idées nouvelles, tout con-
court à produire une résultante qui est cette vie même. Ainsi
s'établit, par l'effet du jeu naturel et spontané de ces forces, la vie
religieuse, la vie civile, la vie politique, la vie économique d'une
nation, et l'on ne saurait attenter à un seul des organes constitutifs

du corps social sans mettre en péril son existence même. Si l'on veut bien connaître ces éléments, il ne faut pas se contenter de les observer autour de soi, mais il faut embrasser d'un seul regard toute la série des phénonomènes qu'ils ont produits dans le présent comme dans le passé. Alors se dégageront des lois générales et des principes consacrés par l'expérience, dont l'application s'imposera toujours, quoi qu'on fasse, par une sorte de fatalité. En politique, les théories passent, mais les intérêts demeurent.

L'étude de ces problèmes doit se faire à la lumière de la conscience morale, de l'expérience du genre humain résumée dans l'histoire, de la tradition française. La politique n'est pas seulement un art, mais encore une science morale et historique. Ceux qui prennent en main la direction des affaires publiques ne peuvent en ignorer les conclusions sans se fermer la voie des réformes pratiques et fécondes. Les théories abstraites, la méthode géométrique, la raison pure n'ont de vertu que pour détruire, parce qu'elles communiquent aux esprits un goût excessif de l'idéal et étouffent en eux le sens des réalités.

Un tel sujet voudrait des développements considérables. Il nous suffira d'étudier quelques questions fondamentales. Nous examinerons les causes qui, en propageant le mépris des traditions, ont livré la société aux plus terribles secousses; les conséquences de la doctrine révolutionnaire radicalement appliquée à l'ordre social, politique, économique; les rapports qui existent entre l'ancien et le nouvel état de choses, en ce qui concerne le régime politique le régime administratif, le pouvoir judiciaire, l'autonomie communale, la question religieuse et la question sociale. Nous nous bornerons au strict nécessaire, pour ne point donner des proportions trop considérables à un travail qui n'a d'autre prétention que de redreser quelques erreurs populaires et de répandre, s'il est possible, quelques idées justes.

LA
MONARCHIE TRADITIONNELLE

LA RÉVOLUTION ET LA LIBERTÉ

CHAPITRE PREMIER

L'ESPRIT RÉVOLUTIONNAIRE ET L'ESPRIT DE RÉFORME

L'esprit révolutionnaire n'est point le même que l'esprit de réforme. Il s'en distingue en ce que celui-ci n'aspire qu'aux progrès légitimes, aux améliorations nécessaires, aux amendements sensés et équitables, tandis qu'il ne procède lui-même que de la haine ou de l'ignorance du passé et d'une aspiration maladive vers une sorte d'âge d'or à venir. On s'expose à juger mal les événements qui remplissent la période révolutionnaire, si l'on ne fait point cette distinction préalable, si l'on ne se rend point compte qu'ils ont contribué l'un et l'autre à former un même courant dans lequel, pour être mêlés, ils ne se confondent point cependant. L'un respecte la tradition, l'autre la répudie ; celui-ci obéit au sens pratique, celui-là n'a foi qu'à l'absolu. C'est ce que nous devons expliquer tout d'abord.

L'influence de Rousseau et de son école est celle qui a contribué le plus puissamment à transformer l'esprit public au XVIIIᵉ siècle,

C'est elle qui lui a communiqué son élan et sa forme spéciale. Les publicistes comme Montesquieu ne trouvèrent des partisans que parmi les représentants des classes moyennes, dans la bourgeoisie financière ou judiciaire, habituée à réfléchir. Leurs principes, établis sur une scrupuleuse observation des faits historiques et sur une sérieuse connaissance de la nature humaine, avaient je ne sais quoi d'élevé et de profond qui les rendait inaccessibles au vulgaire. Les déclamations de Rousseau convenaient davantage aux esprits simples. Les masses plébéiennes se laissèrent séduire par des doctrines basées sur des sentiments, plutôt que sur des idées justes, et conformes en apparence à la logique, dont l'esprit français est toujours si avide. Persuadé de l'excellence de la nature humaine et attribuant toutes les misères sociales aux religions positives et aux mauvaises lois, cet écrivain philosophe rêva un idéal de société qui n'aurait avec le passé aucune attache et dont les seules assises seraient l'amour de l'humanité et la connaissance de la nature. Il proclama, d'après une conception générale de l'homme pris à l'état sauvage, des principes abstraits et se déclara citoyen du monde. La *Déclaration des droits de l'homme* en fut la conclusion immédiate et l'expression dernière.

L'homme, étourdi par cette nouveauté, rempli de l'idée de la supériorité de sa nature, s'exalta lui-même. Il foula aux pieds tout ce qui lui rappelait sa faiblesse et sa déchéance morale. L'humilité chassée de son cœur fit place aux convoitises et aux passions malsaines. Il éprouva comme une fureur d'égalité et de nivellement. L'amour-propre s'excita au point d'étouffer en lui le respect de toute autorité, de toute hiérarchie. Il prétendit s'affranchir de la raison elle-même. Il se fit une manière d'esprit spéciale et ridicule qui le porta aux actes les plus insensés. Il devait bientôt se montrer aussi incapable de fonder une société nouvelle qu'il avait plus de présomption et qu'il était moins disposé à pratiquer cette « vertu politique » que Montesquieu appelle « le renoncement à soi-même ».

Rousseau a surtout répandu des idées générales, surexcité des passions généreuses, propagé l'esprit d'utopie. Il rêvait de fonder un monde exempt de vices pour un homme parfait, et c'est là son erreur. Mais il est une école qui s'attacha exclusivement à détruire. C'est le crime de Voltaire et de ses disciples d'avoir mis leurs talents au service d'une cause infâme. On a beau dire qu'ils ont combattu pour la raison, pour la tolérance, pour la justice. Cela est vrai. Peut-être leurs coups ont-ils porté plus loin qu'ils ne visaient. Ils conservent devant l'histoire la responsabilité d'une faute immense, celle d'avoir jeté le ridicule et l'odieux, de toute manière, sur des institutions respectables ; de n'avoir épargné ni la religion, ni ses ministres, ni la royauté, ni les rois, ni les vertus les plus pures, ni les gloires les plus françaises ; d'avoir perverti la conscience nationale, allumé des haines aveugles, semé partout l'erreur et le mensonge. Cette œuvre de ruine morale se continue tous les jours.

C'est avec cet esprit de haine et cet esprit de chimère que l'on aborda l'étude des questions historiques. On se fit de la sorte et on vulgarisa les idées les plus fausses, tant sur les anciens que sur les modernes.

Rien d'absurde comme ce type idéal de l'État abstrait et du législateur antique tel que Lycurgue et Solon, imposant aux Spartiates et aux Athéniens une constitution et des lois conçues *a priori* sans se préoccuper de savoir si elles étaient conformes aux mœurs et aux besoins du moment. « Pour avoir mal observé les institutions de la cité antique, on a imaginé de les faire revivre chez nous. On s'est fait illusion sur la liberté chez les anciens et, par cela seul, la liberté chez les modernes a été mise en péril [1]. » L'histoire est pleine de légendes poétiques qui n'ont rien de commun avec la réalité.

De nos jours, l'histoire est le privilège des érudits. L'étude vraiment scientifique du passé n'est point à la portée de tous. Il y faut le temps et l'initiation préalable. Le peuple ne connaît guère sur ce point que les légendes ou les opinions que la haine, la passion, l'imagination, l'esprit de parti ont contribué à former. Les enfants ne reçoivent qu'une éducation incomplète et souvent erronée. On semble attentif à ne montrer de grands événements et de grands

---

[1] Fustel de Coulanges, *la Cité antique*.

hommes que dans la révolution, tandis qu'on ne rappelle du passé que ce qu'il eut de mauvais et de pire. A cet égard, les ouvrages scolaires méritent encore plus la critique que les œuvres considérables. Certaines gens même ne savent l'histoire que par les romans ou les drames d'A. Dumas. Le roman, sous prétexte de revêtir un caractère historique, le théâtre, sous celui d'être national, se sont mis au service des passions révolutionnaires, s'attachent, suivant la parole de J. Chénier, à exposer « les crimes des rois et des héros », à inspirer « la haine des tyrans ». L'étude de l'histoire veut une méthode moins romantique et plus impartiale.

Il est donc vrai. L'erreur, la haine, l'orgueil se sont ligués pour détruire l'édifice du passé et pour produire les conceptions les plus chimériques. Or, ni l'erreur, ni la haine ne sont fécondes ; l'erreur conduit à l'erreur : la haine, qui sépare ce que l'amour a uni, n'est qu'un dissolvant moral, non un principe générateur. Les chimères attirent dans le danger. Elles se présentent avec l'aspect du bonheur, mais elles traînent après soi l'illusion ; elles réservent, par le contraste du plus séduisant mirage et de la plus décevante réalité, les plus terribles désenchantements. Voilà ce qui distingue essentiellement l'esprit révolutionnaire, voilà ce qui lui a communiqué une puissance de destruction extraordinaire, en le condamnant à la stérilité.

L'esprit de réforme n'a des visées ni si hautes ni si basses. Il s'en tient au nécessaire et il ne va pas sans l'esprit de suite. Il suit la tradition même quand il s'en éloigne, et, quand il s'agit d'améliorer, il ne détruit point, il transforme, il approprie aux besoins nouveaux les formes historiques, il ne perd pas de vue les conditions générales d'existence de la société, il se règle sur la pratique. Redresser un abus n'est pas pour lui renverser une institution. Il procède toujours avec sagesse, avec prudence, avec méthode, et l'expérience est son guide. Il sait qu'il n'y a de peuples grands et forts que ceux qui ne s'oublient point eux-mêmes ; que ce qu'on appelle conscience nationale, âme de la patrie se forme autant par la communauté des souvenirs que par l'association des intérêts ; que rien n'est capable d'incliner au bien les volontés comme la pensée toujours présente d'illustres aïeux ; qu'il est aussi insensé qu'injuste de répudier leur héritage et de fouler aux pieds huit siècles de gloire. Il discerne ce qu'il y a de généreux dans les aspirations, de légitime dans les vœux, d'utile dans les idées, d'impérieux dans les besoins. Il sait faire enfin l'économie de chaque révolution et la part de chaque système.

A qui devait appartenir la direction du mouvement en 1789, aux révolutionnaires ou aux réformateurs ?

CHAPITRE II

CONSÉQUENCES DE LA DOCTRINE RÉVOLUTIONNAIRE

I. Conséquences sociales de la Révolution
II. Conséquences politiques. — III. Conséquences économiques
IV. La République

C'est ici que s'offre à nos méditations le spectacle lamentable des effets de la doctrine révolutionnaire. A quelles catastrophes la société n'est-elle pas exposée depuis un siècle? D'où viennent cette instabilité des institutions, cette haine des classes, ce malaise des travailleurs? N'est-ce point que la Révolution a dévié de son but dès les premiers jours? que la direction du mouvement passa des mains de réformateurs sensés et prudents aux mains de révolutionnaires illuminés et sectaires? que les passions se sont unies aux idées fausses pour engendrer la ruine et l'utopie? que les principes de 89, qui résumaient les doctrines de Rousseau et de l'école sensualiste du xviiie siècle, séduisant les esprits et les cœurs, ont agi sur les hommes à la manière d'une foi patriotique? De telles doctrines pouvaient, en tant qu'elles visaient des abus, aider puissamment aux réformes sociales ; mais, en tant qu'elles prétendaient servir de base unique à toutes les institutions, elles devaient aboutir aux plus funestes conséquences pratiques. Il importe de faire cette distinction nécessaire : car, pour si généreux que fussent les sentiments dont elles s'inspiraient, elles eussent été impuissantes par elles-mêmes, si les nécessités historiques auxquelles elles répondaient en partie ne leur eussent fourni parfois une heureuse occasion de s'appliquer. Quand leur action fut efficace, c'est qu'elles se trouvaient d'accord avec les conditions réelles d'existence de la société.

En 1789, les élus de la nation aux États généraux étaient animés de sentiments vraiment conservateurs. Ils appartenaient à cette classe moyenne que la monarchie avait élevée entre les classes laborieuses et les classes supérieures, et qui aux lumières des unes joignait le mérite des autres. Descendants d'une race jalouse de son indépendance, qui avait toujours placé la liberté au-dessus de tous les avantages, qui n'avait jamais abdiqué son droit de revendication et qui l'avait exercé sous les princes même les plus despotes, ils aspiraient à reformer l'antique alliance du peuple et du souverain et à continuer en les élargissant les vieilles traditions de la France. Ils voulaient rappeler à la monarchie qu'une œuvre d'émancipation nationale, entreprise avec son concours et progressivement conduite, avait été depuis des siècles sa raison d'être et sa légitimité, que cette œuvre devait s'achever par l'affranchissement définitif des personnes et des biens, et réclamer la part qui lui était due dans le gouvernement. Paysans et bourgeois n'avaient qu'une pensée, celle de raffermir les traditions; qu'une devise, celle qui termine les mémoires d'un Parisien du temps : « Le Français soumis à son roi, le roi soumis aux lois ! »

La Révolution commit l'erreur de tomber du domaine de l'histoire dans celui de la logique pure. Si elle eut raison de revendiquer la tradition, elle eut tort de changer de méthode, de tout détruire, pour tout reconstruire sur un plan idéal. Le mouvement dévia. L'esprit français, séduit par les conceptions absolues ou chimériques, s'exalta jusqu'au délire et se perdit dans l'utopie. Il ne douta ni de la vertu des principes abstraits, ni de la possibilité des grandes choses qu'ils semblaient promettre. C'est en leur nom qu'on ruina tant d'institutions antiques et vénérables et qu'on prétendit refaire la société tout entière.

L'œuvre de destruction fut merveilleuse. Elle aboutit à fonder une société civile, mais non une société politique durable ; elle a bouleversé sans profit réel la société économique. Si la liberté civile est entrée pleinement dans les mœurs, la liberté politique reste une énigme à résoudre et l'organisation économique ne sauvegarde pas la vie du pauvre. Cette œuvre remplit la période révolutionnaire que nous traversons depuis un siècle.

I

Dans l'ordre social, le but s'est trouvé dépassé. On visait à l'affranchissement, on a atteint la hiérarchie.

Le principe d'égalité n'a rien de nécessaire. La nature et le mérite établissent entre les hommes des différences qu'on ne saurait détruire. Les hommes ne sont égaux que devant la loi divine. Le nivellement social est un paradoxe, et toutes les applications qu'on en a voulu faire se sont heurtées à des impossibilités ou au sens commun.

Est-ce à dire que le privilège soit un principe meilleur? Nullement, s'il prétend à un caractère absolu ; mais les privilèges sont parfois nécessaires ou utiles dans la société, et la preuve, c'est que nous en établissons tous les jours, en dépit de nos principes égalitaires. La hiérarchie est un principe d'ordre, de force, de vie, pourvu qu'elle représente les fonctions sociales et qu'elle se distingue du système des castes. Alors — et c'est le cas pour l'Angleterre, pour l'Allemagne, etc. — le respect ne s'attache pas seulement à l'individu, mais à la fonction qu'il représente.

Par horreur du privilège, par excès d'amour-propre, les révolutionnaires se sont précipités dans un excès opposé; ils ont fait table rase de toutes les distinctions et érigé le *radicalisme* en système.

Tocqueville a fort bien montré qu'en 1789 les classes moyennes tenaient moins à la liberté politique qu'à l'égalité civile. La Révolution ne fut que la fin logique et depuis longtemps espérée des progrès constants de la bourgeoisie et des classes laborieuses. L'instinct de l'égalité naturelle se manifesta dans les âmes avec une

violence d'autant plus grande que les distinctions tendaient chaque
jour à s'effacer dans l'unité et l'égalité des mœurs. La bourgeoisie
occupait en 1789 toutes les fonctions civiles, toutes les carrières
libérales, les offices de judicature, les charges de finance, les
fermes générales, les parlements. Elle s'enrichissait par le négoce
et l'industrie. Elle avait son aristocratie et ouvrait déjà des salons.
Elle pouvait même acheter la noblesse. Le paysan, de son côté,
avait cessé d'être serf et était devenu propriétaire. Il profitait des
dettes des nobles pour acheter des terres à bas prix. Les édits
royaux autorisaient le défrichement des bruyères ou des marais,
la conquête du sol, le partage des biens communaux. Presque partout les droits féodaux abusifs étaient tombés en désuétude, parce
qu'ils ne répondaient plus à des obligations. Le paysan ne devait
plus que la rente quand il était censitaire, et les légistes récla-
maient depuis longtemps le rachat des redevances. Or, c'est précisément ce qui surexcita les instincts égalitaires. « En détruisant
une partie des institutions du moyen âge, on avait rendu cent fois
plus odieux ce qui en restait. » (Tocqueville.) Les classes moyennes
qui s'étaient élevées, par une série de progrès intellectuels et
matériels, au niveau des classes supérieures, s'affectaient de ren -
contrer encore des privilèges qui blessaient à chaque instant leur
vanité.

Ces aspirations du peuple et de la bourgeoisie firent explosion
dans la nuit du 4 août. La noblesse elle-même s'y associa, disant
qu'il fallait porter des offrandes sur l'autel de la Paix. On décréta
la suppression des droits reposant sur l'inégalité sociale et on
permit le rachat des droits reposant sur la propriété. Les titres de
noblesse furent abolis.

Le mal fut que des changements si profonds, pour justes qu'ils
fussent, n'allaient pas sans porter atteinte aux principes de hiérarchie. On crut que le mérite serait désormais l'unique source de
toute distinction. Illusion étrange ! Comme on le verra plus bas,
l'argent devait monter d'une poussée puissante et se substituer à
l'honneur comme signe de noblesse. Une nouvelle question sociale
devait en sortir. Pour supprimer des abus puérils, on en fit naître
d'autres bien plus redoutables. Pour une satisfaction d'amour-

propre, on crut devoir bouleverser toute l'organisation sociale. On perdrait sa peine à le regretter. Il est préférable d'accepter un fait qui a si profondément modifié les bases de la société française.

II

Les principes absolus et les erreurs qui en dérivent, quand on les applique aux choses contingentes et d'ordre purement historique ou moral, ont exercé sur les destinées politiques de la France une influence encore plus néfaste. La croyance à la souveraineté des masses et la ruine du principe d'autorité ont produit l'*instabilité*; la confiance naïve qu'inspire la vertu d'une loi ou d'un décret et la notion fausse qu'on se fait des constitutions ont abouti à l'*impuissance*. La facilité avec laquelle on peut défaire et refaire les gouvernements, en détruisant le respect, a établi la Révolution en permanence et condamné les pouvoirs à réussir sous peine de cesser d'être. La lutte des classes sociales se poursuivant sur le terrain politique, ajouta à ces causes de caducité un nouvel élément de ruine. Les pouvoirs légaux ont manqué de la force nécessaire pour résister au despotisme des partis et pour fonder la liberté politique, parce que l'idée même de liberté politique a été confondue avec celle de parlementarisme, et que la nature véritable d'une constitution n'est point d'ordre philosophique. C'est pourquoi les destinées nationales, malgré tant d'efforts, n'ont pu être fixées.

Un simple coup d'œil sur les événements politiques depuis 1789 suffira à nous convaincre de ces vérités. Les mêmes problèmes se sont imposés à tous les régimes qui se sont succédé : aucun ne s'est montré capable de les résoudre, et nous avons traversé quinze révolutions, élaboré dix-sept constitutions ! L'organisation des pouvoirs, l'exercice du droit électoral, la fixation d'un rapport convenable entre les droits de l'État d'une part et ceux des localités, des associations, des individus d'autre part, tout cela est encore à fonder. Pourquoi? L'histoire va nous répondre, car elle confirme la stérilité des principes.

Les *gouvernements révolutionnaires*, de 1789 à 1814, ont oscillé entre le despotisme des partis ou des clubs et la dictature. La nation souveraine absolue confiant tous les pouvoirs à une assemblée unique, à un parti ou à un seul homme qui s'impose par la terreur ou par le prestige, voilà le gouvernement révolutionnaire. La pression des clubs et des sections de Paris, l'intervention illégale et constante d'un « peuple sans frein », s'exercèrent jusqu'au jour où la tyrannie de Robespierre et celle de Bonaparte refoulèrent les excès des masses ou les dirigèrent pour s'élever eux-mêmes. On tomba de la démagogie dans le militarisme. Quand on se reporte par la pensée aux années épiques des luttes glorieuses, aux jours funèbres des sanglantes immolations, on ne sait ce dont il faut s'étonner le plus, ou de la grandeur monstrueuse des crimes, ou de la folie de ces tyrans de génie.

La constitution de 1791, sorte de convention idéale entre des contractants supposés, dirigée contre le pouvoir royal, par réaction violente de l'esprit d'indépendance contre le principe d'autorité, fut une théorie inapplicable, car elle plaçait en face l'un de l'autre le roi et la nation et les exposait à des luttes perpétuelles.

Les constitutions de 1793 et de l'an III étaient incapables d'assurer la liberté. C'est à cette époque que l'idée païenne de la suprématie de l'État fit le plus de chemin. Elle s'empara des esprits, au point de leur faire oublier les bienfaits de l'indépendance provinciale et de l'autonomie communale. La centralisation atteignit le degré extrême et s'organisa si fortement que les régimes qui suivirent furent impuissants à la détruire.

Ces événements ont des causes morales. La croyance aveugle à des principes faux, l'exaltation de l'orgueil humain, le délire des passions populaires, voilà ces causes.

Les *gouvernements de suffrage restreint*, la Restauration et la Monarchie de Juillet, de 1814 à 1848, en s'appuyant sur les classes dirigeantes, en laissant subsister la centralisation révolutionnaire et impériale, en réduisant la Chambre haute à n'être qu'un rouage inutile, se condamnèrent à des conflits pareils à ceux

2

qu'essuya Louis XVI, s'aveuglèrent sur l'opinion vraie du pays, se rendirent responsables et provoquèrent une lutte des classes, qu'ils ignorèrent, et qui, du domaine social et économique, se transporta dans celui de la politique. Ces gouvernements restreignirent l'application des principes nouveaux dans le but d'en atténuer les effets désastreux et avec la pensée que dans un milieu plus intelligent ils produiraient leurs fruits ; les mêmes conséquences se sont manifestées, ce qui prouve que l'instruction n'est pas une garantie du bon fonctionnement du régime parlementaire, et, de plus, une question sociale vint compliquer la question politique. C'est en effet par crainte d'un retour offensif des passions de 93 que l'on restreignit le droit de suffrage. Néanmoins, il faut convenir que jamais le gouvernement représentatif n'a mieux fonctionné en France, que les classes moyennes y ont appris le respect de la légalité et que les classes inférieures n'ont eu qu'à se féliciter des trente-trois années de paix et de prospérité, dont les vieillards de nos jours ont gardé le souvenir.

Après Waterloo, l'âme de la nation se régénéra dans la communauté des douleurs et des désillusions, et la monarchie restaurée eût fixé les destinées de la France, en rétablissant l'antique union du peuple et de la royauté, si la réconciliation des classes avait été sincère, si les rois avaient eu, avec une autorité plus indépendante, assez de force pour dominer les partis, assez d'expérience pour fonder un parti de gouvernement capable de leur faire équilibre ou de maintenir entre eux la balance égale. Par malheur, la constitution favorisait les rivalités de classes. La Chambre des pairs, au lieu de servir à modérer à la fois les forces conservatrices et les forces révolutionnaires et de s'associer au progrès social, fut livrée à l'influence exclusive de la noblesse renaissante. La Chambre des députés, au lieu de se concilier les sympathies de cette noblesse, entra en conflit avec elle et avec le roi. Le roi et ses ministres étaient ballottés entre les deux Chambres, désarmés et condamnés, pour contenter l'une, à s'aliéner l'autre.

Qu'arriva-t-il ? Un tel système, en livrant le pouvoir à l'influence exclusive des Chambres, mit en présence des partis rivaux, incapables de s'entendre, doublés chacun d'un autre qui marcha à sa remorque et compromit son autorité : les *ultras* suivis des *con-grégations*, les *libéraux* grossis des bonapartistes et des répu-blicains, l'ancien régime et l'esprit moderne. Les émigrés qui n'avaient rien appris ni rien oublié, la vieille noblesse avec ses prétentions, sa morgue, sa haine du présent, ses regrets des pri-vilèges, confondaient la Révolution avec l'esprit du mal. Le cler-gé, régénéré par la persécution, avait oublié les maximes du gallicanisme et de la tolérance, travaillait à unir le sort de la monarchie à celui de l'Église, à ruiner l'Université, à combattre la philosophie indépendante. Des docteurs, comme J. de Maistre, de Bonald, Lamennais, s'attaquèrent au présent au nom d'une doctrine religieuse, au lieu de soutenir le passé comme un fait avec lequel il fallait transiger. Ces excès, en arrêtant les progrès de la renais-sance catholique et le relèvement du sentiment chrétien, bien capable de favoriser le rapprochement sympathique de tous, entretin-rent la défiance. De leur côté, les libéraux identifiant souvent la liberté avec la haine du passé, se compromettaient par leurs attaches avec les sociétés secrètes. Le crime de Louvel les rendit suspects aux yeux de la réaction. Les classes moyennes, qui avaient fait la révolution, aspiraient à la prépondérance dans le gouvernement et à la liberté. Les salons de la Chaussée d'Antin et du faubourg Saint-Honoré élaboraient sa doctrine et formaient ses *doctrinaires*. Les procès de presse fournissaient mille occasions de défendre les prin-cipes que R. Collard exposait au parlement. Les luttes s'enveni-mèrent, la bourgeoisie s'irrita et brisa les obstacles.

Ainsi, le vieux monde endormi s'était réveillé. Quand il voulut marcher il se heurta au monde nouveau qu'il ignorait et qu'il rencontrait à chaque pas. Au lieu de se tendre la main pour se guider, ils se prirent corps à corps pour s'étouffer. Personne ne se trouva pour leur imposer une trève. Le plus jeune, à la fin, étendit le vieillard épuisé.

La révolution de Juillet, qui substitua la branche cadette à la branche aînée des Bourbons, bien loin de modifier le régime constitutionnel de la Restauration, laissa subsister tous les vices d'organisation et en ajouta d'autres, qui résultaient de l'influence progressive et exclusive de la bourgeoisie. La charte de 1814 avait été *octroyée* par Louis XVIII, celle de 1830 fut *acceptée* par Louis-Philippe. Le nombre des bourgeois électeurs augmenta et fut porté à 3.000.000 par l'abaissement du cens électoral à 200 francs. L'avilissement de la Chambre haute, réduite au rôle de doublure, supprima tout élément pondérateur. Enfin la bourgeoisie, une fois maîtresse de ce pouvoir qu'elle avait créé, occupa toutes les fonctions et composa ainsi dans la France un *pays légal* qui ne connut plus que lui-même. La royauté, asservie à la bourgeoisie, devait porter la responsabilité des fautes de celle-ci.

Cette prépondérance de la classe bourgeoise était nécessaire pour fonder le régime parlementaire, et elle n'eut d'abord rien d'injuste, tant qu'elle dirigea vraiment et représenta le reste de la nation. Une communauté de sentiments et d'idées avait, sous la Restauration, uni le peuple et les classes moyennes, parce qu'elles luttaient contre la noblesse. Mais elles repoussèrent ensuite son concours, quand elles furent les maîtresses. Elles dominèrent le pouvoir et le roi régna pour elles comme un président de république. La bourgeoisie perdit ses qualités sérieuses, se corrompit peu à peu, oublia les intérêts du plus grand nombre, se persuadant de bonne foi qu'en faisant respecter l'ordre elle avait fondé la liberté, et ne s'apercevant pas qu'elle devenait une caste égoïste et fermée.

L'opposition s'éleva. Les anciens républicains et les bonapartistes virent leur nombre augmenter. Les démocrates en appellèrent à l'émeute, les légitimistes formèrent des complots. Les notabilités et les capacités unirent leurs protestations. On s'attaqua à la loi électorale et on contesta la légalité même du gouvernement. Issue du vote d'une Chambre qui n'était pas investie d'un mandat constituant, la Monarchie de Juillet fut attaquée dans son principe même. *Réforme parlementaire* par la diminution des fonctionnaires députés, *réforme électorale* par l'expression du droit électoral aux capacités au moins, sinon à tous les citoyens, tels furent les mots d'ordre de l'opposition.

Dominé par la bourgeoisie, le gouvernement se fit une illusion complète sur l'état de l'opinion publique, comme sur les besoins des masses. La bourgeoisie n'avait pas su faire de la politique d'action. Quand vint l'heure des colères violentes, le roi comprit, mais trop tard, qu'il s'était avili devant une caste. La fatalité du principe se retournait contre lui comme contre ses prédécesseurs. Il se retira, ne voulant point, disait-il, « verser des flots de sang pour une cause qui avait cessé d'être celle de la nation ».

Ainsi donc, tous les gouvernements qui se sont succédé en France de 1789 à 1848, révolutionnaires ou bourgeois, ont abouti soit à une sorte de dictature personnelle, soit à l'influence exclusive d'une classe, au despotisme ou à la lutte des partis. Quand le pouvoir n'a pas été tyrannique, il a manqué de force. Les rois constitutionnels ont été asservis plutôt qu'associés à la nation. Ils n'ont plus eu qu'à s'incliner devant elle. Une défiance jalouse à l'égard de la royauté a dicté toutes les constitutions, et la doctrine, fausse de la souveraineté populaire, affranchie des lois du vrai et du juste, confondue avec le suffrage universel, a ruiné les vieux principes. On a tenté, au nom de cette doctrine, d'élaborer des constitutions idéales, sans tenir compte des traditions de la France. Le problème qui s'était posé au sortir de la Révolution, celui de la réconciliation des classes et de la fusion des idées anciennes avec les nouvelles, n'avait pu se résoudre faute d'une méthode sûre et convenable. On avait cherché les apparences de la liberté, plutôt que la liberté elle même.

III

Ce qui a donné à la révolution de février 1848 sa force d'expansion, c'est moins l'énergie des revendications politiques que la puissance des idées socialistes et économiques qui, à la faveur de la crise ouvrière issue de l'application des principes nouveaux dans le monde du travail, entretenaient dans l'esprit des masses, avec la haine des classes, la chimérique espérance d'un bonheur idéal. Le triomphe du principe absolu de la liberté du travail était subordonné à la solution de deux problèmes : Comment serait assuré désormais le bien-être du travailleur libre, mais isolé ? Sur quelle base s'établiraient les rapports du travail et du capital, du patron et de l'ouvrier ? La lutte politique des classes inférieures contre les classes dirigeantes, contre la noblesse ou contre la bourgeoisie, ne visant au fond qu'à améliorer les conditions économiques du monde nouveau, se transforma de bonne heure en lutte sociale. Pour résoudre de telles questions, les principes étaient impuissants. Les classes supérieures manquèrent du sens de la situation. La bourgeoisie n'obéit qu'à l'égoïsme et à la vanité. Les classes inférieures prêtèrent l'oreille à des prédications qui lui parurent d'autant plus séduisantes que sa situation matérielle était moins prospère. L'esprit d'utopie s'empara d'elles et les entraîna à la recherche d'une nouvelle Salente.

L'application brutale du principe de la liberté du travail, proclamé par la Révolution, et la suppression du droit d'association, ont livré le société économique aux dangers de l'individualisme. Cette idée que l'individu est le centre et la fin unique de la société entraînait comme conséquence l'affranchissement radical de l'ouvrier et la suppression de toute organisation collective. Turgot entreprit son réquisitoire contre le régime des anciennes corporations au nom de ces principes, et l'Assemblée constituante applaudit à la doctrine du « laissez faire » et du « laissez passer », en votant les lois des 14 et 17 juin 1791, sans songer qu'elle jetait les travailleurs dans les hasards d'une lutte pour la vie, où l'exploitation de l'homme par l'homme ne serait plus soumise à d'autre loi que celle de l'offre et de la demande. Pour corriger ce que ces effets avaient de désastreux, les législateurs révolutionnaires, en transportant des associations à l'État le devoir de bienfaisance, fondèrent ainsi la dangereuse institution de l'État providence et le *droit au travail*. Tout élément d'union entre l'ouvrier et le patron se trouva supprimé. Mais dans le délire des premières espérances, pouvait-on prévoir de tels résultats ?

Si l'on ajoute que l'application scientifique de la vapeur et de l'électricité commençaient à transformer les conditions économiques du monde, que la grande industrie absorbait la petite ou la supprimait, que la concurrence ne cessa de s'accroître, on comprendra combien les dangers de l'isolement augmentèrent pour le travailleur.

En fait, la double conséquence de ces deux causes fut de constituer en France deux classes rivales, que l'ancien régime n'avait point connues, les riches et les pauvres. Aux flancs de fortunes scandaleuses on vit s'attacher la plaie hideuse du prolétariat.

La condition de l'ouvrier, dans l'ancien système corporatif, quels que fussent d'ailleurs les abus et l'étroitesse de la réglementation intérieure, reposait sur un principe de solidarité intime, qui entretenait entre lui et son patron une cordialité de rapports, dont il était le premier à profiter. Qu'est-elle dèvenue depuis? Loin de s'améliorer, elle le laisse désarmé dans la lutte qu'il doit soutenir pour l'existence. Les émeutes nombreuses qui ont troublé la première moitié de ce siècle et qui menacent encore tous les jours l'ordre et la sécurité, d'où proviennent-elles sinon d'un régime qui, en détruisant le respect de la hiérarchie, n'a pas su organiser cette fraternité qu'il proclame si haut?

Chacun pour soi ! voilà la dernière formule, la dernière maxime qui se dégage du grand principe. Sous la tutelle de cette liberté bienfaisante, il s'est constitué une nouvelle aristocratie, qu'aucun décret ne saurait supprimer, car il serait une contradiction. Après le coup de faux révolutionnaire, on vit monter d'une force irrésistible, semblable à ces arbres vigoureux qui s'élèvent au-dessus des taillis abattus et qui profitent de toute la sève que ceux-ci leur disputaient, une puissance nouvelle, la richesse. L'argent fut l'élément générateur des classes bourgeoises. Si la vieille noblesse militaire a disparu, une noblesse financière s'est élevée sur ses ruines. La première du moins avait de la générosité, la seconde ne se distingue que par son égoïsme. L'antique aristocratie, imbue de vieux préjugés, manquait au début de ce siècle du sens pratique sans lequel elle était vouée à l'impuissance. Elle ne sut pas comprendre le rôle, qui s'offrait à elle dans la société issue de la Révolution et dont l'aristocratie anglaise lui donnait cependant l'exemple. Sa prétention à restaurer de vains privilèges acheva de la discréditer, et elle laissa la bourgeoisie s'emparer seule de l'hégémonie agricole ou industrielle du monde nouveau,

Celle-ci, une fois maîtresse du pouvoir, s'attacha à donner au gouvernement de son choix un caractère utilitaire. L'esprit mercantile atteignit à une haute puissance, et l'on vit commencer ces immenses fortunes qui ont depuis excité tant de haines et de convoitises. La question juive, résolue en apparence au point de vue politique et civil par les lois de la Constituante et de Napoléon Ier, se posa au point de vue économique et financier.

C'est ainsi que, par l'effet de la rupture des rapports de sympathie entre l'ouvrier et le patron, de l'antagonisme des intérêts, une question économique s'est transformée en question sociale et qu'une lutte de classes est venue compliquer les discussions que soulevait le partage des richesses.

De bonne heure on a cherché un remède à ce mal. Mais, les réformateurs humanitaires, loin de réussir à l'atténuer, n'ont fait qu'ajouter de nouvelles causes de divisions aux premières, en demandant à la philosophie du xviiie siècle des principes dangereux. Le *socialisme* moderne s'est formé du *sensualisme* et se rattache à Rousseau, dont il exagère certaines doctrines.

Toute cette école professe une croyance commune, dont Condorcet s'était fait l'apôtre, celle du progrès indéfini et de la perfectibilité sans limite de la nature humaine. La fraternité et la science, tels sont, suivant ces utopistes, les deux éléments capables de rajeunir le monde par la paix et par la lumière. L'État de nature sembla un idéal de bonheur dont la société s'était écartée et auquel il fallait tendre. La foi augmenta à mesure que les progrès scientifiques engendrèrent une nouvelle conception du monde. La *sociologie* se forma à sa suite. La société comme l'univers ne fut plus considérée que comme un assemblage de forces dont il importait de rechercher la loi d'équilibre.

On vit bientôt des réformateurs présenter des plans merveilleux et séduisants d'organisation, et des censeurs prodiguer la critique, multiplier les attaques contre l'ordre établi. Les uns reprochèrent à l'individualisme de favoriser la concurrence, à la concurrence d'abaisser les salaires, au salaire de ne pas donner à l'ouvrier la totalité du produit, au produit d'être accaparé par le capital-mobilier et par la rente foncière, dont la progression constante absorbait la majeure partie des revenus sociaux. Les autres proposèrent des moyens misérables pour refaire une société dont ils ne comprenaient point les conditions d'existence, c'est-à-dire la liberté individuelle et la propriété privée, comme le rachat de la terre par l'État, l'exploitation et la distribution des richesses remises entre ses mains, la répartition absolue des biens par rapport à la somme et à la durée du travail, etc. Ces griefs et ces systèmes, exposés dans les écrits de Saint-Simon, de Fourrier et d'A. Comte, de Proudhon et de leurs disciples, sont tout le fond de ce qu'on appelle le communisme, le socialisme, le collectivisme, l'anarchisme. Mis en face de la raison, de la conscience, du droit et de l'histoire, si les griefs obtiennent d'être écoutés, les systèmes tombent d'eux-mêmes, parce qu'ils aboutissent pratiquement à l'anéantissement et à la dégradation morale de l'individu, à la ruine de la famille et de la société, c'est-à-dire qu'ils vont contre le but qu'ils se proposent d'atteindre.

Néanmoins, les masses, toujours pressées de conclure, se persuadèrent que leurs aspirations étaient inconciliables avec l'ordre établi et qu'il fallait renverser tout ce qui y faisait obstacle. Une confusion d'idées, la croyance que le régime monarchique était incapable de fonder sur les bases nouvelles la société économique, jointe à l'esprit de chimère, poussa le peuple à détruire les derniers vestiges du passé. Une fois l'œuvre accomplie, après qu'on eut supprimé tous les éléments conservateurs de l'ordre social, que les idées d'autorité et de hiérarchie eurent perdu leur prestige, il ne resta plus dans les âmes, au milieu de ces ruines morales, qu'une immense et douloureuse espérance, celle de voir un jour la société tout entière établie sur les principes éternels de la justice absolue !

Vers l'année 1848, le courant des idées et des aspirations nouvelles devint si fort qu'il emporta tout. Depuis, il n'a cessé de couler à pleins bords, submergeant les digues, même celles où l'Empire voulut le renfermer, entraînant avec soi mille épaves. Qui pourrait dire où sa violence viendra se briser ? La foule ne s'arrête point, parce que c'est la passion et non pas la raison qui la guide.

IV

Ce régime idéal, que le peuple appelait alors de ses vœux et qui réalisant son rêve de justice et d'égalité, en dehors de tout élément historique, devait combler et dépasser ses désirs, n'est-il point un leurre, une vision chimérique, un fantôme inconsistant et insaisissable ? A-t-on vu s'établir ces institutions qui, supposant l'homme parfait ou indéfiniment perfectible, devaient composer pour lui un monde exempt de vices où, satisfait dans toutes ses espérances, calmé dans toutes ses passions, il n'aurait plus qu'à jouir de la félicité inaltérable des dieux d'Épicure ?

C'est de cette immense aspiration des classes laborieuses et des dernières couches sociales à la vie publique, au bien-être, à la lumière, qu'est sortie la République. Le peuple, qui ignore l'histoire et dont le bon sens naïf se laisse aisément surprendre par le sophismes des intrigants et des ambitieux intéressés à l'exploiter, se persuade que la solution des problèmes qui le touchent est essentiellement liée à l'existence de cette forme politique : comme si les mêmes problèmes sociaux ne s'imposaient point à tous les régimes ! Comme s'il suffisait à la République d'une loi pour décréter le bonheur !

Mais à quelle décevante réalité ont fait place tant d'illusions ! Et comment croire à la vertu de semblables doctrines quand on voit partout le désordre et la ruine s'établir avec elles? En fait, aucune des questions fondamentales n'a été tranchée : nous ne voyons point que les problèmes de l'organisation politique, sociale, économique touchent à leur solution ; mais nous pouvons observer les derniers effets des idées générales, appliquées radicalement et en dehors de toute condition d'ordre traditionnel. La théorie sur ce sujet n'est point d'accord avec l'expérience, et c'est ce qui la condamne.

Quand même la République vaudrait la monarchie, ce ne serait pas une raison suffisante pour la proclamer, parce que, à égalité d'avantages, le fait acquis est préférable aux risques d'un régime aventureux.

Mais il y a loin, et notre système républicain n'est que la synthèse des erreurs que ce siècle a vues naître.

L'application radicale des principes abstraits par la république a eu pour effet d'établir en France un régime qui n'a rien de commun ni avec les conditions générales d'existence du système républicain, tel que le montrent la géographie ou l'histoire, ni avec les conditions particulières d'existence de la société française, étudiées dans le passé comme dans le présent.

En général, la république est le régime naturel des cités ou des États qui se fondent sur des territoires inoccupés, quand les immigrants n'ont point de traditions communes et que le hasard les rassemble; et dans ce cas ce régime ne convient qu'à des territoires limités. Ces républiques ne se distinguent guère de la commune ou du canton. C'est le cas pour l'Amérique, pour l'Italie du moyen âge, pour la Suisse, pour les Provinces Unies. Mais il n'y a pas d'exemple d'un grand État républicain, sous une autre forme que celle d'une fédération d'États particuliers, se gouvernant eux-mêmes et n'associant que leurs intérêts les plus généraux. Les républiques ont toujours abouti à des dictatures, et c'est se tromper étrangement que de croire à la République comme à un régime définitif vers lequel tendent tous les peuples.

En France, l'occasion de fonder une république fédérative, telle que la concevaient les Girondins, s'est perdue depuis que les excès de la centralisation administrative ont détruit les derniers vestiges de l'indépendance provinciale. Le tempérament français est d'ailleurs si enclin à la monarchie, à cause de la force des sentiments patriotiques et des instincts unitaires, que le régime républicain n'a cessé de se transformer en dictatures. Il suffit de rappeler les noms de Marat, Danton, Robespierre, Barras, Bonaparte, La Fayette, Ledru-Rollin, Cavaignac, Louis-Napoléon, Thiers, Gambetta, Ferry, pour être conduit à croire que, s'il se trouvait à la tête de la République un président qui eût autant d'audace que de prestige, il ne tiendrait qu'à lui de fonder une nouvelle dynastie. La France a toujours besoin de se sentir représentée.

La république se heurte donc en France à une longue tradition et à des conditions d'existence nationale avec lesquelles elle est incompatible.

C'est pourquoi nos politiciens s'efforcent, en se débattant contre ces obstacles, de détruire les éléments historiques qui s'imposent malgré eux, pour édifier un régime qui n'emprunterait qu'à la raison ses principes fondamentaux. Ils représentent alors la volonté nationale comme souveraine absolue et livrent tous les pouvoirs à l'influence directe des masses. Tous les ressorts du gouvernement s'en trouvent faussés. Ce n'est plus la raison ni l'équité, mais le caprice ou la force qui dominent les chambres législatives; la représentation nationale, loin de répondre au double but qu'elle se propose, loin d'apporter au pouvoir la connaissance des besoins du pays et des intérêts de chaque corporation, d'exercer un contrôle sur les actes du gouvernement, se substitue au gouvernement lui-même, favorisant, par une application inepte du droit de suffrage, le développement des ambitions individuelles et des partis, détruisant toute responsabilité; il n'y a pas de politique de gouvernement, parce que les ministres sont dans la dépendance des chambres; le Sénat, au lieu d'être un élément pondérateur destiné à atténuer les conflits qui pourraient surgir entre les représentants de la nation et le souverain s'efface entièrement ou joue un rôle d'obstacle. Ne sont-ce point là autant d'absurdités? Le fort et le faible de ce système politique est dans la prépondérance des masses, qui ont confiance malgré tout en son avenir, qui se sentent les arbitres suprêmes, mais chez lesquelles le respect de la légalité est si faible que la force est toujours leur dernier argument.

L'excessive centralisation administrative, en plaçant, par une contradiction évidente sous un régime d'apparences libérales, toute direction de services publics dans la main du gouvernement, détruit tous les corps intermédiaires qui pourraient se trouver entre l'État et l'individu et auxquels celui-ci pourrait avoir directement recours. L'individu reste seul en face de l'État qui s'accoutume à ne rien attendre que de lui et le rend responsable du mal qu'il fait, comme du bien qu'il ne fait pas. C'est là un point vulnérable que la république n'a pas guéri, qui est une porte ouverte à tous les despotismes comme à toutes les revendications violentes.

L'individu perd dans ce système toute dignité morale, parce qu'il cesse de chercher en lui-même les ressources qui lui manquent. Son orgueil s'exalte parce qu'il se croit le maître, son activité s'éteint parce qu'il considère l'État comme un sauveur et un dispensateur de tous les biens. Dès lors il ne songe point à développer en lui les vertus qui font la grandeur du pauvre, qui pourraient le conduire à la richesse, et qui sont désignées par le mot de *prévoyance*. La solution de la question sociale n'est pas ailleurs. L'ouvrier possède une foule de moyens d'améliorer sa condition ; ce qui lui manque c'est l'initiative, le calme, la possession de soi.

La république n'est donc pas cette panacée qui devait transformer le monde, parce que les passions humaines ne changent point. Elle s'est montrée aussi impuissante que les autres régimes issus de la Révolution à fonder la liberté, et nous ne voyons pas qu'elle puisse faire davantage, ni rien ajouter à la distribution des droits. D'où qu'elle vienne, cette contradiction entre les faits et les principes, les résultats et les espérances, ne laisse pas d'être monstrueuse.

Qu'on le veuille ou non, la cause de cette impuissance est dans la stérilité des principes. Toutes ces misères sont les tristes résultats d'une sociologie abstraite, basée sur une conception fausse de la vie humaine, de la liberté et de la souveraineté. Dans ce système, l'homme n'est qu'un être idéal, insaisissable, une entité pure, sans rapport avec le milieu où il vit, l'époque où il est né, privé de toute individualité propre et séparé du monde vrai ; la société n'est qu'une formule, une équation : comme si chaque homme n'était d'aucun temps, d'aucun pays, n'appartenait à aucune race ! comme si une société pouvait se fonder d'un seul décret et par un simple contrat, comme si elle n'était point un organisme véritable qui se développe conformément à son principe et évolue suivant une idée directrice, qui est l'expression même de son génie ! Mais, ceux qui rédigèrent la *Déclaration des droits* et qui prétendirent en faire l'unique base de l'ordre nouveau ne se doutaient point que les progrès moraux et politiques du monde dépendent de conditions historiques étrangères à la métaphysique. Ils ne virent que l'homme idéal et ses droits primordiaux, déduisirent de cette notion générale toutes leurs maximes et essayèrent d'établir une société qui n'eût rien de commun avec la réalité. Sans doute ils eurent raison de revendiquer pour la France un régime équitable, libéral, humanitaire ; aucun gouvernement ne pourrait impunément violer les règles de la justice éternelle ; mais l'application absolue de ces grands principes ne serait possible que dans une patrie dont l'homme vrai serait à jamais exclu.

L'expérience démontre donc pleinement l'insuffisance des principes révolutionnaires, leur impuissance à rien créer, leur fécondité de destruction. Associés à des passions qui leur ont communiqué une force irrésistible, ils ont poussé le monde hors de sa vie naturelle. Faut-il donc condamner en bloc et rayer d'un seul trait cette œuvre négative ? Ne reste-t-il absolument rien de cet immense et stérile effort ? On ne nous fera pas l'injure de croire que ce soit là notre pensée. Si l'erreur de la Révolution fut de ne point faire à la tradition sa part légitime, l'erreur de la réaction serait de ne point faire l'économie d'une révolution si profonde. Il faut non seulement l'accepter comme un fait, qu'on ne saurait supprimer, mais dégager la formule qui le résume. Dans ce bouleversement général du monde, la société s'est transformée. Il est sorti de ce grand cataclysme, dont l'histoire n'offre point d'exemple, un état social nouveau qui est la *démocratie*. Voilà la vérité qu'on ne saurait méconnaître. Ce que réclame cette démocratie, c'est l'affranchissement de toute servitude, c'est la liberté sous toutes ses formes, c'est le droit attaché à la personne humaine, c'est la justice. Elle veut la justice ! Elle la veut dans le gouvernement et dans la société ; elle la veut en haut comme en bas ; elle la veut dans les lois, dans les pouvoirs publics, dans l'administration ; elle la veut dans les rapports de tous ceux qui travaillent ou qui font travailler ; elle la veut dans la répartition aussi bien que dans la production des richesses ; elle la veut enfin dans la conscience. La tâche qui s'impose à cette heure, qui s'est imposée à tous les régimes depuis un siècle, mais qu'ils n'ont point su remplir, c'est donc d'établir une forme politique en harmonie avec les conditions, les éléments et les besoins de cette démocratie. Les uns se persuadent que la république est ce régime. Les autres, moins ambitieux ou plus prudents, demandent à la tradition les principes de la réforme. L'essentiel est de ne point se méprendre sur la signification des mots.

Qu'est-ce que la liberté? qu'est-ce que le despotisme? La monarchie est-elle incompatible avec les aspirations nouvelles de la société? Telles sont les questions que nous nous proposons d'examiner dans ce qui va suivre.

CHAPITRE III

LA MONARCHIE TRADITIONNELLE ET LA LIBERTÉ POLITIQUE

I. Principes fondamentaux
II. L'institution monarchique. — III. La représentation
nationale

La liberté politique n'est point, comme on le croit communément, inconciliable avec le principe d'autorité. C'est s'en faire une notion inexacte que de la confondre avec le parlementarisme et la souveraineté populaire. Elle existe dans tous les États où le pouvoir limite le pouvoir. Une question se pose donc : c'est celle des rapports entre les deux pouvoirs fondamentaux des constitutions, le législatif et l'exécutif. On ne saurait mieux faire pour la résoudre que de demander à la tradition le secret merveilleux de concilier les libertés publiques avec l'intérêt supérieur de l'ordre social. L'histoire nationale est féconde en exemples. S'écarter des principes établis par l'expérience, c'est chercher dans des combinaisons compliquées une solution que des moyens bien simples pourraient fournir. Car il ne faut point s'imaginer qu'on a résolu le problème, quand on a substitué la souveraineté de la nation à celle d'un roi. Cette question de principe importe peu ; il n'a jamais été contestable qu'au-dessus de la volonté d'un prince ou d'un peuple il y a la justice et la raison. Bossuet le proclamait au temps de Louis XIV. L'essentiel, c'est d'établir entre les institutions des rapports tels que le despotisme des uns soit aussi impossible que celui des autres.

La France a connu un tel régime. Il tendit à s'établir en fait jusqu'au jour où, les légistes et les théologiens unissant leurs efforts pour fonder l'institution monarchique sur un droit, la royauté s'arma de leurs maximes. Les événements devaient prouver qu'on ne s'écarte point sans péril des conditions normales de la vie des sociétés. Quand Montesquieu formula le principe de la séparation des pouvoirs, il l'empruntait à la tradition et à l'expérience.

I

N'y a-t-il pas en France des principes fondamentaux sans le respect desquels les gouvernements ont peu de chance de vivre?

Ce n'est point d'après le régime politique que nous trouvons établi sous Louis XIV, qu'il faut se figurer le gouvernement de l'ancienne France. L'excès dans lequel on tomba ne fit point oublier à la nation qu'une longue tradition de liberté existait, et qu'elle devait se concilier avec la doctrine de l'unité. Le caractère propre de l'esprit français est de fuir également les excès contraires d'aspirer à la fois à l'ordre et à la liberté. Tempéré, comme le climat et comme le sol qui l'ont fait éclore, il veut la juste mesure, l'équilibre des forces opposées, le rapport des principes en apparence incompatibles. S'il est vrai que les races germaniques ont une propension plus marquée pour la liberté, les races latines pour la discipline, la race française, qui est issue des unes et des autres, éprouve un égal besoin d'ordre et d'indépendance. Sans exagérer l'influence des races, on peut dire que le gouvernement qui lui convient le mieux est le gouvernement *tempéré* ou conservateur. Toute notre histoire se résume dans la lutte des deux éléments romain et germanique, dans le conflit éternel des deux principes qui se sont toujours partagé le gouvernement des choses humaines, la liberté et l'autorité, l'ordre et le progrès. Ce qu'il a toujours fallu chercher, c'est le rapport de ces vérités également vraies. Voilà ce qu'avait bien compris l'ancienne monarchie, quand elle se fit populaire et progressiste ; voilà ce que nous avons eu le tort d'oublier. Libérale dans son principe, sans être constitutionnelle, gardienne du droit et promotrice du progrès social, cette grande royauté avait fondé un système de gouvernement qui, dans son essence plutôt que dans ses formes, était vraiment conforme à la nature de l'esprit national et d'accord avec les besoins toujours nouveaux de la vie publique.

Deux droits qui se limitaient l'un l'autre, coexistèrent jusqu'à la monarchie absolue, le droit monarchique héréditaire et le droit commun représentatif. Le premier avait pour fondement les idées de patrie et d'unité nationale : il assurait la stabilité de l'État. Le second, amoindri mais non pas annihilé, procédait d'un besoin naturel d'indépendance et garantissait les intérêts publics et les progrès sociaux. La nation se réserva toujours la prérogative de porter ses vœux jusqu'au pied du trône et de concourir dans une certaine mesure avec le monarque à la puissance législative et à la direction générale des affaires. Un partage de l'autorité aussi raisonnable qu'utile fut la loi fondamentale du royaume, et cette loi, formulée dans les capitulaires de Charlemagne, ne disparut jamais des codes : *Lex fit consensu populi et constitutione regis*.

Ces deux droits revêtirent des formes particulières qui, d'accord avec les conditions nouvelles d'existence de la société, pourraient encore fixer la constitution du pays, parce qu'ils sont conformes à la raison qui est l'esprit national même.

II

La monarchie est moins un principe qu'une institution fondée sur le consentement populaire, l'utilité publique, consacrée par l'expérience, capable de s'élargir en raison même des progrès politiques de la nation, de régulariser le jeu des forces parlementaires, sans compromettre l'existence du régime établi.

Trois éléments constituaient en apparence le droit monarchique : les principes d'autorité, d'hérédité, d'élection. Les doctrines des légistes, qui formulèrent le droit du bon plaisir, celles des canonistes qui formulèrent le droit divin, ne doivent point nous faire illusion. Le plus grand nombre des jurisconsultes en proposèrent d'autres, et nous trouvons dans l'instruction au marquis de Lavardin, ambassadeur à Rome sous Louis XIV, la formule suivante : « Par la loi royale qui fait partie du droit des gens le pouvoir du peuple est transféré à la personne auguste du roi. » En réalité ce droit résultait essentiellement d'une sorte de pacte mystique, conclu tacitement avec la nation dans une cérémonie appelée *sacre*, où celle-ci manifestait son approbation et accordait sa sanction. La prescription fut toujours sa légitimité. La famille régnante était revêtue d'un caractère à la fois national et sacré, qui ne s'attachait d'ailleurs qu'à la personne du monarque. Celui-ci était investi de son droit autant par une délégation populaire librement consentie que par une consécration religieuse qui commandait le respect. Une adhésion prolongée, renouvelable à chaque avènement dans un simulacre d'élection, une onction sainte qui faisait de lui le dépositaire de l'autorité, lui communiquaient avec l'inviolabilité une puissance si féconde, que l'État pouvait échapper à la violence des révolutions, sans cesser ni de s'accroître, ni de s'affermir. Ce qu'on considérait alors comme d'institution divine, ce n'était point le droit de telle ou telle famille, mais le principe d'autorité qu'elle représentait. Et qui oserait aujourd'hui même soutenir qu'un chef d'État n'est point l'esclave des lois éternelles, et qu'au dessus de son pouvoir, de sa libre volonté, il n'y a pas une autorité supérieure qui est la conscience ? L'Amérique n'a-t-elle point proclamé la souveraineté de la loi divine ? Les rois régnèrent au nom de Dieu, mais c'est au peuple qu'appartint toujours le droit de délégation du pouvoir. Le principe électif, affaibli par l'hérédité, subsista comme une maxime fondamentale du royaume. Bossuet disait qu'un gouvernement se légitime « dans la suite des temps et par le consentement du peuple » ; et Massillon osait rappeler à Louis XV que

« le choix de la nation » avait mis le sceptre entre les mains de ses ancêtres. Les États généraux avaient souvent exprimé les mêmes idées. Une ordonnance de 1717 reconnut officiellement le principe. En fait l'élection royale s'était produite plusieurs fois et elle avait tenté souvent de se produire. L'adage : *vox populi, vox Dei*, n'est donc point un vain mot. Si la monarchie entra dans la hiérarchie ecclésiastique, c'est que la France était chrétienne et que l'Église était la dépositaire de l'autorité; mais il ne faut point oublier que la nation devait l'approuver et la reconnaître, comme il lui appartient encore de choisir sa dynastie.

La monarchie est l'unique moyen pratique d'affermir un gouvernement établi et d'en perpétuer la durée. Ces avantages sont dus à la force conservatrice qui est le propre des dynasties et à leur caractère national. L'unité morale d'une nation ne saurait exister sans une famille qui la représente. Il est nécessaire que cette unité soit représentée par un symbole aux yeux du peuple. Dans les temps ordinaires, le drapeau est ce symbole; mais dans les temps de troubles, de quel côté est le drapeau ? On ne saurait concevoir d'institution plus noble que la royauté pour être l'expression vivante et éternelle de l'idée de patrie. N'est-ce point en la couronnant elle-même, qu'une vierge inspirée, sortie des entrailles de la nation, révéla à la France la mystérieuse puissance de la foi patriotique? Qu'on ne l'oublie point; la vie des peuples n'est pas une délibération perpétuelle qui ne cesse de remettre en question tous les problèmes fondamentaux. La société ne résulte pas d'un contrat que chacun reste libre de signer ou de déchirer. Dans le corps humain, la vie précède la connaissance des fonctions dont elle se compose. La vie du corps social précède l'avènement de chacun de nous. La hiérarchie groupe nos devanciers, et il ne nous appartient pas plus de bouleverser l'ordre établi, qu'il n'appartient au fils de faire la loi à son père L'État n'est qu'une grande famille dans laquelle chacun entre à son tour pour prendre sa part des fruits du commun patrimoine. La dynastie y maintient l'ordre et la stabilité. Elle répond à la nécessité de soustraire le pouvoir aux atteintes des passions mobiles d'une multitude qui ne se connaît point, à l'action dissolvante de la démagogie. N'est-ce point là une nécessité primordiale? Quand on oppose à la tradition de l'hérédité le mérite du plus digne, on ne fait qu'affirmer absolument un droit prétendu naturel, dont l'application est infiniment moins avantageuse. Le hasard des minorités fait courir à l'État, en temps de paix, un péril infiniment moins grand que l'incertitude où le jettent des élections générales en temps de crise. L'utilité justifie ainsi l'apparente anomalie des situations exceptionnelles et du privilège de la naissance. Les hommes passent, mais l'institution demeure l'unique sauvegarde de la continuité et de la régularité des fonctions qui composent la vie sociale. Tant que la famille sera la condition fondamentale de la prospérité privée et du progrès général, elle pourra être considérée comme l'élément conservateur du pouvoir et la forme la plus naturelle du principe d'autorité.

Le principe monarchique est tellement raisonnable en soi, que dans le système représentatif il est la condition indispensable du bon fonctionnement d'un *gouvernement de cabinet*. Le pouvoir exécutif est une fonction nécessaire dont on doit régler l'exercice au moyen des avis et du contrôle de la puissance législative, mais qu'il serait dangereux de considérer comme une entrave. Le *cabinet* est le chaînon qui relie les deux pouvoirs. Il facilite entre eux l'échange des vues et permet de mettre les vœux du pays à l'épreuve de la réalité, parce qu'il est populaire par son origine, administratif par ses fonctions. Or, la stabilité de ce cabinet n'est assurée que s'il tient son autorité de celui-là même qui en est le dépositaire irresponsable et héréditaire : de plus, l'action du cabinet, dans ce cas, sera libre, parce que le monarque irresponsable pourra se contenter de donner de simples avis et de conseiller les mesures d'intérêt général. Un roi s'appliquera à s'élever au-dessus des partis, à les modérer, à les avertir. Il exercera sur l'esprit de ses ministres une influence persuasive et morale toute désintéressée, sans engager contre eux la lutte et en leur laissant toute la responsabilité de leurs actes. Ceux-ci auront à leur service la force offensive et défensive nécessaire pour garantir leur indépendance et favoriser leur action. Le système des *présidences* compromet la stabilité du cabinet et gêne son initiative. Le président étant révocable ou rééligible devient par là même responsable. Il s'efforcera de faire prévaloir une politique personnelle, une politique de parti et s'exposera à des conflits avec le cabinet, à moins de s'effacer entièrement; comme il peut lui-même être renversé du pouvoir, son ministère manque d'autorité. Le gouvernement de cabinet ne saurait donc fonctionner qu'avec le concours d'un monarque héréditaire, parce que celui-ci devient le refuge indispensable du désintéressement et de la loyauté.

La constitution anglaise, qui a servi de type à la constitution américaine, et qui, avec quelques modifications, est devenue celle des Hollandais, des Belges, des Portugais, des Espagnols, des Italiens, est une remarquable application de ce système si simple. Des réformes ont suffi chez ces peuples pour transformer les anciennes institutions, et ils n'ont point éprouvé le besoin de secouer le joug monarchique, parce qu'ils n'avaient point connu la tyrannie administrative. En sont-ils moins libres ?

Pourquoi ces réformes qui ont réussi à l'étranger ne réussiraient-elles point en France ? C'est qu'on a confondu l'idée de liberté avec des idées absolument étrangères. Rien ne s'oppose cependant à une nouvelle évolution de l'institution monarchique. Elle n'est point inconciliable avec la démocratie moderne. L'histoire atteste qu'en fait notre monarchie a été française, qu'elle s'est appuyée plus encore sur le consentement prolongé du peuple que sur les doctrines césariennes ou gallicanes : ce qui fera toujours sa supériorité, c'est le prestige et l'autorité morale qui s'attachent à la personne même d'un souverain investi d'une mission à la fois nationale et paternelle, établi comme le gardien nécessaire du droit et de l'équité. On ne saurait trouver une image plus grande et plus majestueuse de l'idée de patrie.

III

Est-ce à dire que la nation doive abdiquer toute espèce de prérogatives et faire au principe monarchique le sacrifice de ses droits propres ? Ce serait tomber dans les excès d'un régime absolu, auquel répugne particulièrement l'esprit français. La tradition atteste l'existence d'un droit populaire, dont les formes ont pu varier, mais dont les principes sont restés identiques et immuables. La France a eu ses libertés : libertés générales, libertés locales ; elle a exprimé des vœux pour le maintien, la revendication, l'extension de ces libertés. En 1789 elle ne désirait rien de plus que la réalisation des uns et la restauration des autres. Les formes historiques de son droit étaient la seule manière dont elle pût le concevoir, et il eût été sage de suivre la voie déjà tracée, au lieu de proclamer la souveraineté absolue d'une nation en délire, pareille à ces fous qui se croient rois.

Jamais la royauté française n'avait refusé d'admettre les principes que le peuple avait formulés et qu'il avait tirés de sa propre conscience. Les légistes et les clercs eurent beau arguer des livres saints ou des codes romains, leurs maximes ne prévalurent point sur celles qui exprimaient les *desiderata* de la foule. L'importance des classes moyennes fut trop grande alors. Rien n'égale la sollicitude et la prudence d'un pouvoir qui, dans les circonstances difficiles, commençait par consulter le pays ou s'informait par ses agents des besoins du peuple, avant d'entreprendre les réformes urgentes, répondait par des édits aux vœux exprimés, acceptait le contrôle de la magistrature. États généraux, assemblées de notables, parlements, états provinciaux, municipalités, communes, telles furent les formes multiples des libertés publiques sous l'ancienne monarchie.

A l'égard des libertés générales, il importe de remarquer qu'une certaine unité de vues a dirigé la nation dans ses revendications, malgré la différence des temps, que les mêmes vœux se reproduisirent périodiquement, et que ces vœux résumaient les principes d'une manière supérieure. Le bon sens français l'emportait alors sur les passions populaires. Jamais on ne se fit une idée plus nette du but et de l'utilité des assemblées représentatives. Sans doute les États généraux ont parfois exprimé des maximes touchant la souveraineté populaire qui tendaient à subordonner l'autorité du roi à celle de la nation assemblée, comme les conciles déclaraient l'Église prise dans son ensemble supérieure au pape. Ils prétendirent que la souveraineté du roi, venant de l'élection, était suspendue durant le temps que siégeaient les États, et que dans l'intervalle elle n'était qu'un office public. Ces doctrines ne prévalurent point et les légistes les réfutèrent. Mais on reconnut à la nation le droit de participer au gouvernement soit pour tempérer le pouvoir, soit pour éclairer ses actes. Les Français de l'ancien régime réclamèrent l'institution des assemblées représentatives à cause de la double utilité qu'il y avait à apporter au prince la connaissance des besoins généraux et particuliers du pays, et à contrôler les décisions du gouvernement. Ils aspirèrent à obtenir la périodicité de leurs assemblées et à instituer des commissions de contrôle permanentes et responsables. On se contenta de leur reconnaître une autorité consultative et un droit de remontrances. Les États généraux jouissaient du droit de consentir l'impôt ou de le refuser, de valider les traités, d'exprimer des vœux de réformes et des doléances. Leurs décisions avaient force de loi. Leur concours a puissamment contribué à inspirer les ordonnances royales, d'autant plus que la représentation des classes sociales et des corps d'état assurait la prépondérance non point aux factions, mais aux véritables intérêts du pays. C'est avec cette mission que les assemblées nationales subsistèrent et aspirèrent à se perpétuer, et c'est le vœu que la vieille France a transmis à la France nouvelle.

Il ne faut point s'abuser, en effet, sur le rôle véritable des assemblées représentatives. Elles n'ont point pour but de gouverner, mais de participer au gouvernement. Cette institution répond dans son essence à une double nécessité, qui est de collaborer à la formation de la loi, en apportant au pouvoir dépositaire de l'autorité la connaissance des intérêts du pays, et d'exercer sur ses actes une sorte de contrôle. C'est une fonction utile de la santé du corps social, non un droit primordial. Dans les sociétés avancées, la conscience publique se répand dans toutes les parties qui les composent, à mesure que se développe l'initiative des individus et des groupes, et il importe de la rassembler dans un *sensorium* commun. Hors de là, les assemblées représentatives n'ont pas de raison d'être.

Si nous cherchons à appliquer ces principes à la France actuelle, nous devrons faire l'analyse des éléments qui composent la structure sociale, distinguer les forces progressistes et les forces conservatrices, ce qui est du passé et ce qui est de l'avenir, rechercher les besoins de la société, montrer enfin de quelle manière les anciennes formes représentatives consacrées par l'histoire sont encore applicables ou doivent se transformer. Or, cette analyse établit l'existence de deux sortes d'intérêts : les uns généraux, nationaux, patriotiques, communs à la nation prise dans son ensemble ; les autres particuliers, spéciaux à certains groupes ou à certains individus. La sûreté publique, la constitution du pays, les relations internationales, le budget, les travaux publics, la justice, l'instruction, la religion, sont des intérêts généraux. Les corps d'état, les corporations, les individus associés, le clergé, l'armée, les universités, les commerçants, les industriels, les agriculteurs ont des intérêts particuliers. Pourquoi négligerait-on ces distinctions dans la répartition de l'influence et des pouvoirs législatif et délibératif entre les Chambres, dans l'exercice du droit de suffrage? L'application brutale de la loi du nombre n'est rien moins qu'intelligente, puisqu'elle ne saurait avoir pour effet, en assurant la représentation des intérêts, d'établir entre la démocratie sociale et la démocratie politique cette harmonie qui s'impose nécessairement et que les masses réclament, sans se préoccuper des moyens de la réaliser. L'ancien régime nous a cependant donné, sur ce point, un grand exemple de sagesse et ce n'est pas sans raison que des publicistes tels que Grey, Schaffle, Lorimer, Bluntschli, Ahrens, ont réclamé des réformes dans ce sens. S'il est nécessaire que les courants généraux de l'opinion ne soient point négligés, il est plus qu'utile que les besoins spéciaux des groupes obtiennent satisfaction. Ces considérations suffiraient à justifier la nécessité d'établir deux Chambres entre lesquelles se ferait une répartition équitable de l'influence et de l'initiative, en matière de législation, dont le recrutement procéderait d'un esprit différent, et qui pourraient exercer l'une sur l'autre un droit de contrôle ou intervenir chacune dans les conflits de l'autre avec l'exécutif. L'établissement des syndicats professionnels serait peut-être un acheminement vers ce système. Quelle que soit la solution que réserve l'avenir à ce problème, nous croyons qu'il y a là une question trop négligée jusqu'ici et qu'on fera bien d'étudier.

D'ailleurs, la représentation proportionnelle des classes sociales et des catégories d'intérêts, établie déjà par la constitution de Servius Tullius, appliquée dans l'ancienne France, se pratique encore sous des formes et des modes divers en Prusse, en Autriche, en Angleterre.

La fonction d'un parlement ainsi composé n'est pas de se substituer au gouvernement, mais de participer, en lui apportant ses lumières, à l'œuvre législative. C'est s'exposer à la plus redoutable des tyrannies que de confier à une assemblée tous les pouvoirs. L'élaboration des lois, voilà l'objet véritable de son activité et sa raison d'être ; encore les représentants de la nation doivent-ils se souvenir que leurs délibérations sont dominées par l'intérêt de tous et qu'au-dessus de leurs passions et de leurs volontés, il y a les principes de la justice.

La liberté et l'autorité sont des vérités également vraies dont la conciliation s'impose et qu'il est toujours dangereux de sacrifier l'une à l'autre. Le problème consiste à garantir aux institutious qui les représentent une force offensive et défensive capable d'assurer leur union et d'atténuer leur antagonisme. Leur accord n'est pas moins nécessaire que leur indépendance réciproque, car il s'agit d'organiser à la fois leur équilibre et leur harmonie. La solution d'un tel problème dépend moins de la raison que de l'expérience. Depuis longtemps l'humanité l'a cherchée et elle a cru la trouver en instituant la monarchie et en laissant aux peuples une partie de la puissance législative, parce qu'elle crut avoir allié un élément de durée à un élément de progrès.

« La France, dit Guizot, n'a jamais renoncé ni à l'ordre ni à la liberté. » Le régime absolu, populaire ou monarchique, n'est point celui qui convient à ce pays moyen, à cet esprit de raison que la nature même du climat sous lequel il s'est formé semble symboliser. Il ne paraît pas qu'on ait gagné beaucoup à s'éloigner des grands principes que la tradition a consacrés, mais il est facile de voir ce qu'y a perdu le développement pacifique et régulier de la constitution du pays. C'est une erreur de croire qu'on décrète une loi constitutionnelle, comme on fait un traité de commerce et que cela suffit à assurer la vitalité d'un régime brusquement établi. Tout système politique, qui, s'inspirant uniquement de principes généraux, s'écarterait du fait antérieur, serait condamné à l'impuissance, parce qu'il ne s'appuierait sur rien de réel, sur rien de solide, et ne serait qu'un placage destiné à décorer superficiellement et à masquer le tuf. Tel est le danger des théories abstraites. Il convient de se placer dans les conditions vitales d'un pays quand on veut lui donner une constitution. Le plus sensé est de tenir compte de ses éléments constitutifs, de sa structure générale et particulière, de ses précédents historiques. Le gouvernement d'un peuple est une résultante des tendances morales et des circonstances matérielles où il est placé. Les constitutions sortent des mœurs et elles ont pour but d'établir entre la forme politique et l'état social un rapport, dont les termes peuvent varier suivant les milieux, mais qui avec le temps parvient toujours à se régler. Il n'appartient pas plus à une nation de s'en donner une qu'à un individu de se donner la vie. C'est l'habitude qui fait leur force et leur légitimité, et les germes en ont été déposés dans son sein dès le premier instant de son existence. Si dans l'ordre politique il est des lois contingentes susceptibles de recevoir des modifications incessantes, eu égard aux progrès des mœurs et des variations de la vie publique, il en est d'autres fondamentales et immuables auxquelles est liée l'existence même d'un peuple et qu'il ne saurait abroger sans péril. La raison pure peut bien fournir des principes généraux d'ordre moral dont aucun gouvernement ne doit s'écarter, mais elle est incapable de fournir aux États des éléments de durée, car ils se soutiennent, dit Bossuet, « par leur propre suite ».

CHAPITRE IV

LA LIBERTÉ ET LE DESPOTISME

I. Les doctrines et les traditions. — II. Le pouvoir
judiciaire. — III. L'autonomie administrative. — IV. L'Église et
l'État le gallicanisme. le concordat
IV. Le socialisme

S'il n'y a pas incompatibilité entre les institutions monarchiques
et les institutions démocratiques, eu égard à la forme du gouvernement, qu'est-ce donc que la liberté? qu'est-ce que le despotisme?
On a attaché à ces mots les idées les plus fausses : on a confondu
la liberté avec la souveraineté populaire et le parlementarisme, le
despotisme avec le pouvoir personnel. Il importe de dissiper les
malentendus et de faire cesser les abus de langage.

Le despotisme, c'est la mainmise de l'État sur les libertés
publiques, sur tout ce qui relève naturellement de la loi, de l'initiative privée ou de la conscience. Or, depuis trois siècles le despotisme
pèse sur la France, et cette habitude de la servilité a suffi pour nous
faire perdre à la fois la notion vraie de la liberté et celle des conditions
fondamentales de notre existence traditionnelle.

La liberté, c'est la possession de soi-même, c'est la jouissance
des droits que chacun de nous tient de la nature, c'est la faculté de
développer sa personnalité sans entraves et de tendre à sa fin. Or,
il existe en France une tradition de liberté, à laquelle le mouvement
de 1789 prétendait se rattacher.

I

Il y a deux manières de comprendre les droits et les devoirs de l'État. Elles correspondent à l'idée qu'on se fait du despotisme et de la liberté. Elles sont associées à une double tradition de l'ancienne France.

Le despotisme, qui n'est que l'abus et la confusion des pouvoirs, s'est développé en proportion de la doctrine de la suprématie de l'État et de la puissance administrative qu'elle a engendrée. Rousseau transportant à la nation les droits de la royauté absolue, érigea en système radical ce qui était déjà établi en fait. La Révolution, par une contradiction inconcevable avec ses principes, développa le système et le poussa dans la pratique aux plus monstrueuses conséquences, car, s'il restait encore au déclin de la vielle monarchie des esprits libres et fiers, la race en a disparu. Le grand argument sur lequel repose cette doctrine, c'est l'intérêt général, c'est-à-dire celui de la majorité confondue avec le pouvoir, ce n'est pas le droit du citoyen, ce n'est pas la loi. La raison d'État prime toutes les autres. L'État devient alors une sorte de personnalité idéale, une espèce de Providence responsable du bien comme du mal, protectrice de l'ordre et promotrice de tous les progrès, gérante de tous les intérêts et tutrice de tous les individus. Comme ses devoirs et sa responsabilité sont immenses, ses droits sont illimités, sa liberté d'action absolue. Il ne rencontre aucune borne à sa puissance, ni loi, ni institutions libres, ni personnalité. Il n'est en face de lui aucune autorité sur laquelle il n'entreprenne, autorité religieuse, judiciaire, communale, patriarcale. L'Église, la magistrature, les municipalités, la famille, ces grandes institutions qui pourraient partager avec lui le fardeau des fonctions sociales, lui sont également asservies. Le prêtre et le juge sont fonctionnaires, malgré le sacre et l'investiture ; le maire est révocable en dépit de l'élection ; le père de famille est opprimé et on lui conteste jusqu'aux droits qu'il tient de la nature. Corps et biens sont livrés à l'arbitraire. Un seul pouvoir s'élève au-dessus de ces ruines, celui de l'État centralisé, unique gardien de tous les intérêts, seul directeur, seul instituteur, seul économe d'une nation à laquelle il distribue l'éducation, la science, la religion, la justice, la richesse. N'est-ce point ravaler l'individu que de l'affranchir ainsi du devoir qu'il contracte en entrant dans la vie de travailler au développement de sa personnalité, au perfectionnement de son être moral? N'est-ce point le mettre en tutelle, comme un mineur ou un incapable? N'est-ce point l'avilir en le déshabituant de penser et d'agir, le conduire au mépris de la justice par l'habitude de l'arbitraire, à l'asservissement par celle de l'obéissance passive? L'Orient et la Chine nous en fournissent la preuve. « La valeur de l'État à la longue, dit J.-St. Mill, c'est la valeur des individus qui le composent ; et un État qui préfère à l'expansion et à l'élévation intellectuelle des individus un semblant d'habilité administrative et le détail des affaires ; un État qui rapetisse les hommes, afin qu'ils puissent être entre ses mains les instruments dociles de ses projets (même bienfaisants), s'apercevra qu'on ne peut faire de grandes choses avec de petits hommes, et que la perfection du mécanisme à laquelle il a tout sacrifié finira par ne lui servir de rien, faute du pouvoir vital qu'il lui a plu de proscrire pour faciliter le jeu de la machine. » (Stuart Mill, *La Liberté*, v.) L'État centralisé, quelle que soit d'ailleurs la forme politique du gouvernement, monarchique ou populaire, voilà donc le grand oppresseur, car il tend non pas à l'unité, mais à l'uniformité absolue par la subordination universelle : il paralyse toutes les forces privées, toutes les énergies autonomes, qui perdent en activité ce qu'il gagne en prérogatives et en obligations. Une telle façon de concevoir l'État peut être bonne dans une société où le prince compte autant d'esclaves que de sujets, et le socialisme, qui place l'intérêt général au-dessus de la liberté, pourrait s'en accommoder, mais chez un peuple qui veut être libre, où l'homme a conscience de sa dignité, elle ne peut être qu'une contradiction, une inconséquence, ou un moyen pour les ambitieux d'écraser leurs adversaires.

La liberté n'est point conciliable avec une telle façon de concevoir les droits et les devoirs de l'État. La liberté n'existe que dans les sociétés où l'homme jouit de tous les moyens d'accomplir sa destinée sans contrainte et sans sacrifier sa responsabilité, où le citoyen possède le droit de faire tout ce qui lui est nécessaire pour satisfaire ses besoins et pour développer son être moral. Dans une société libre l'individu est le foyer de l'activité. Son droit ne peut être limité tant que l'intérêt général ne le réclame point, et tout ce qu'il peut accomplir par ses seules forces, c'est à lui qu'il appartient de le réaliser. Le droit de l'individu borne celui de l'État, sans l'effacer ; et si l'État est immense, les droits communs à certains groupes se placent encore entre ceux de l'État et ceux de l'individu. L'État est réduit au rôle de magistrature suprême, dont les attributions, à la fois négatives et positives, sont circonscrites dans la sphère des intérêts les plus généraux de la communauté. C'est à lui que revient la charge d'empêcher le mal et de faire la part de bien que les associations ou les individus ne peuvent faire. Il possède une double force, celle qui conserve et celle qui donne l'impulsion. Il est le protecteur de tous contre les ennemis du dedans et contre· ceux du dehors, il veille à la sécurité nécessaire à la vie sociale, il maintient l'ordre par les lois, et la paix par la diplomatie ou par les armes. Il exerce une action supérieure sur la marche de la civilisation. Mais, il n'est pas l'unique cerveau qui concentre la pensée et l'activité. En raison de la nature et de l'origine des pouvoirs publics, l'État ne représente pas l'universalité des citoyens, il manque de suite dans les idées et dans le personnel. Cette instabilité et cette absence de désintéressement le rendent moins propre au rôle d'initiateur du progrès que les associations ou les individus. Les intérêts généraux ne doivent point être assimilés à ceux de la majorité ni confondus avec ceux de l'État administrateur. Tout le problème de la liberté consiste à fixer les rapports des intérêts publics et des droits privés, de l'action générale et de l'autonomie individuelle ou collective, parce que la Société n'est point le but, mais le moyen naturel par lequel l'homme, avec le concours de ses semblables, arrive à sa fin qui est toute morale. Définir les attributions de l'État, ce n'est ni l'affaiblir, ni briser l'unité politique, c'est seulement lui opposer un frein et l'empêcher d'abuser de sa force.

Si la France n'a jamais réussi à réaliser pleinement cet idéal
de liberté, on peut cependant affirmer qu'elle se l'est toujours
proposé. Au sortir de la période d'anarchie qui succéda à l'empire
romain, la monarchie des Capétiens et des Valois se contenta de
protéger et de favoriser le travail de réorganisation du monde qu;
le reprenait par dessous. Elle laissa subsister les centres politiques,
les unités sociales qui se formèrent spontanément, les institutions
nationales et locales, l'Église, la magistrature, les corporations,
les communes, les provinces. Les règnes sur lesquels les rensei-
gnements nous manquent le plus ont été précisément les plus
féconds et les moins despotiques. Les peuples heureux, dit-on,
n'ont pas d'histoire.

L'influence des légistes et du droit romain est sans doute fort
ancienne; mais, c'est surtout à partir de la Renaissance qu'elle
s'est développée, avec le respect superstitieux de la civilisation
ancienne. Cette influence a été à la fois heureuse et funeste, car,
si elle a perfectionné le droit civil, elle a, dit Tocqueville, «perverti
le droit politique. » La royauté jusque-là populaire, plébéienne, se
fit absolue : elle revêtit la figure des césars et l'autorité épiscopale.
La loi du bon plaisir et le droit divin firent alliance en sa personne
Il se trouva des canonistes et des légistes pour tracer aux yeux de
la nation étonnée un idéal de monarchie sacerdotale et administrative qu'elle n'avait jamais conçu. Cette doctrine sortit d'ailleurs
de certaines nécessités historiques. L'immense effort que la monarchie dut faire, pour constituer à l'intérieur l'unité française et
pour assurer son indépendance vis-à-vis de l'étranger, tendit à
la rendre absolue. L'unité territoriale et politique, la conquête des
frontières naturelles, la ruine des droits régaliens de l'aristocratie,
l'abaissement de la féodalité, le triomphe du gallicanisme, la lutte
contre la maison d'Autriche, l'équilibre européen furent des progrès
difficilement réalisables sans entraîner l'institution d'un pouvoir
fort et centralisé. Ce pouvoir profita de tout ce que perdirent les
libertés publiques. Les intendants, dont Richelieu multiplia le
nombre et précisa les attributions, que Colbert envoya dans toutes
les généralités, munis d'une commission, furent les instruments au
moyen desquels on confisqua les libertés. Toute l'autorité locale

passa entre leurs mains. Rien n'échappa à leur compétence, ni les affaires municipales, ni les finances, ni l'armée, ni la justice. Le grand roi a disparu, ses successeurs sont tombés, les fonctions des intendants et de leurs délégués ont passé en d'autres mains, mais le système est resté debout, l'administration n'a abandonné aucune de ses usurpations. La Révolution a recueilli cette tradition de despotisme et l'a appropriée à ses vues particulières. Elle n'a su continuer que le mal. Si les partis se sont disputé un tel instrument de tyrannie, ce n'a pas été pour le détruire, mais pour s'en servir et le perfectionner. Le droit romain administratif nous opprime de plus en plus à mesure que le nombre des fonctionnaires augmente. Le germe semé par la monarchie, qui était destiné à ombrager de ses rameaux le sol de la France, l'a couvert de lianes. Chaque Révolution n'a été qu'un progrès de plus de la religion de l'État substituée au culte du roi, et l'on peut dire que, pour avoir changé de maître, le peuple n'a pas changé de servitude.

Ces deux traditions et ces deux systèmes renferment chacun une part de vérité et une part d'erreur qu'il importe de déterminer. Examinons dans quelles conditions se sont posées dans l'histoire et se posent encore actuellement les questions si graves des rapports de l'État avec le pouvoir judiciaire, avec la religion, avec les municipalités, avec les associations. Car, en présence de l'État, il n'y a pas seulement les individus, il y a encore des institutions générales, des pouvoirs locaux, des intérêts solidaires ; il y a la magistrature, l'Église, la commune, les corps d'état. Ces unités composantes ont des fonctions et des droits propres qu'elles ne tirent point de l'organisation sociale mais qu'elles exercent à son profit. Ce sont autant de formes de la liberté, auxquelles l'État ne peut toucher sans devenir oppresseur : oppresseur par l'injustice, oppresseur par l'autorité, oppresseur par la conscience, oppresseur par le socialisme.

II

Au point de vue judiciaire, l'intervention de l'État aboutit à enlever toute garantie au citoyen en faisant du juge un fonctionnaire, en réservant à l'administration le droit de prononcer en matière de *contentieux,* en accordant aux fonctionnaires l'immunité de la garantie constitutionnelle. N'est ce point là la plus étrange confusion de pouvoirs ? N'est-ce point subordonner la justice à l'administration et livrer à l'arbitraire tout ce qu'on lui enlève ? Sur ce point la Révolution a continué les errements de la monarchie absolue et ses tentatives de réformes n'ont point abouti.

Le recrutement de la magistrature est un problème difficile à résoudre. Le but à atteindre est d'obtenir des juges indépendants, affranchis de tout autre intérêt que celui de la loi, de toute autre influence que celle de la conscience. L'ancien régime vendait les charges de judicature et elles étaient héréditaires, moyennant un droit de *paulette.* Ce système détestable avait eu un heureux résultat, celui de garantir l'indépendance du juge. L'ordonnance de Louis XI (1467) fut la charte de l'inamovibilité. Elle permit aux parlements d'empiéter sur les droits de l'administration et d'opposer des résistances aux édits. Le contrôle qu'ils exercèrent, quoique abusif, fut souvent utile. La monarchie absolue, pour briser cet obstacle, créa des tribunaux particuliers et confia aux intendants des fonctions judiciaires. La Constituante, par horreur de la vénalité des charges autant que des privilèges, crut réaliser un grand progrès en créant une magistrature élective, révocable et soumise aux rancunes d'électeurs incompétents. Or, ni l'élection, ni la nomination ne suffisent à assurer l'indépendance nécessaire. Comme on ne peut ni supprimer l'inamovibilité, ni rétablir la vénalité, peut-être arracherait-on le juge à toute influence en réglant, suivant l'ancienneté ou la capacité, l'ordre d'avancement. Pourquoi, d'ailleurs, la magistrature assise ne jouirait-elle pas du privilège de se recruter elle-même, tandis que la magistrature debout, qui est l'organe du pouvoir, resterait seule subordonnée à ce pouvoir? Quoiqu'il en soit, ce qui est certain, c'est qu'il faut assurer à la magistrature sa pleine liberté d'action, si l'on veut qu'elle soit vraiment ce qu'elle doit être, le refuge de l'impartialité et le plus ferme appui de l'ordre social.

La juridiction administrative et la garantie constitutionnelle qui couvre les fonctionnaires sont deux privilèges qui nuisent, d'autre part, à cette impartialité et qui sacrifient aux intérêts de l'État ceux du citoyen. En matière de *contentieux,* c'est-à-dire dans tous les cas où l'administration est engagée, c'est à l'administration elle-même qu'il appartient de prononcer, comme si les tribunaux ordinaires étaient incompétents quand il existe une loi! Les poursuites contre un fonctionnaire ne peuvent être engagées qu'après autorisation préalable de l'administration supérieure, s'il s'agit d'abus de pouvoir. Ces privilèges datent de l'ancien régime. Colbert ôta aux parlements les affaires où l'administration avait un intérêt quelconque, distingua les procès *roturiers* des procès *privilégiés* qu'il livra aux intendants. Le conseil d'État fut érigé en cour de justice et le droit d'*évoquer* certaines affaires prévalut. Une lutte s'engagea entre les parlements et les intendants, qui les discrédita les uns et les autres. Les cahiers de 1789 demandèrent vainement une réforme. On se contenta de formuler le principe de la responsabilité des agents. Les conseils administratifs institués par la Révolution s'emparèrent du contentieux et le droit de poursuite contre les agents publics fut conservé à l'administration. La constitution de l'an VIII consacra pour ces questions la suprématie du conseil d'État. Un décret du 19 septembre 1870 abrogea l'article 75 de la constitution de l'an VIII ; mais, si la garantie personnelle accordée à l'agent coupable n'existe plus, la garantie réelle accordée à l'acte administratif subsiste encore, et l'autorité judiciaire ne peut en connaître. L'administration, en définitive n'est responsable que devant le conseil de préfecture, et le tribunal des conflits, de ses actes ou de ceux de ses agents. Les particuliers ne peuvent même pas invoquer la loi pour se protéger contre ses entreprises. L'Etat ne peut avoir tort et il a besoin de toute sa force. Tout lui est

permis, l'injustice même, pourvu que l'intérêt suprême soit sauve-
gardé.

La réforme qui s'imposait en 1789 est loin d'être accomplie. Si
on proclama le principe de la séparation des pouvoirs, ce ne fut
point pour l'appliquer. On l'invoqua au profit de l'administration,
on le rejeta en ce qui concernait la magistrature. Ce qu'il y avait à
faire, c'était de définir la compétence de l'une et de l'autre, de
limiter leur sphère d'action, d'arrêter leurs empiétements réciproques, de substituer l'ordre à la confusion Cette réforme raisonnable, nous l'attendons encore.

En réalité, que voyons-nous? Trouvons-nous dés garanties
suffisantes dans un pouvoir judiciaire indépendant, dans une institution investie d'une mission particulière à l'égard de la société? Point
du tout : l'autorité judicaire perd de plus en plus son prestige,
parce qu'elle est humiliée, diminuée, amoindrie au profit de l'autorité administrative, qui exerce sur elle par mille moyens la plus
désastreuse des influences. On soustrait à sa compétence les affaires
où l'État est partie, on affranchit les fonctionnaires pour leurs actes
administratifs, on accorde à regret l'inamovibilité aux juges et on
les corrompt par la perspective de l'avancement. Telles sont les
conséquences du principe de la suprématie de l'État. Dans ce
système, où est la justice? où est la liberté? N'est-ce point le cas de
répéter le mot célèbre de Maury : « Ils veulent être libres, ils ne
savent pas être justes »?

III

Les rapports de la commune et de l'État nous montrent une
autre forme du despotisme ou de la liberté, suivant qu'ils laissent
subsister ou qu'ils suppriment l'autonomie administrative des autorités locales. L'histoire en fournit un double témoignage, mais elle
atteste aussi les excès de l'autonomie comme de la centralisation
absolues. Le problème ne consiste point à rechercher les moyens

d'affranchir entièrement la commune de la tutelle de l'État, ce qui équivaudrait à une restitution de la souveraineté, mais à circonscrire les sphères d'action particulières à la commune et à l'État.

Durant de longs siècles, les provinces et les communes ont joui, sous la tutelle des Capétiens et des Valois, de la plus enviable des franchises, celle de s'administrer soi-même. Il est difficile de préciser les moments où se fondèrent dans l'ancienne France les institutions locales, et l'histoire sur ce point n'a pas dit son dernier mot. Nous savons que les comtes carolingiens convoquaient tous les mois leurs *plaids* au chef-lieu de leur province, et que tous les hommes libres devaient y assister. La communauté des intérêts et des résidences conduisit ainsi à fonder des unités administratives absolument souveraines. Des coutumes, des mœurs, des droits s'établirent, et la vie provinciale prit une intensité extraordinaire. La royauté dut respecter ces immunités, quand elle entreprit d'annexer tant de pays divers, pour former l'unité territoriale de la France. Elle s'y engagea par des traités spéciaux. L'article 7 du traité de réunion du Dauphiné à la couronne porte : « Gardera Monsieur Philippe et ceux qui seront Dauphins, à toujours, toutes les libertés, franchises, privilèges, bons us et coutumes du Dauphiné... » Le mouvement communal ne fut pas moins important. Préparé par des associations secrètes, où les corporations de métiers jouèrent un rôle actif, il aboutit à faire entrer les classes moyennes et les villes dans la hiérarchie féodale. Les anciennes villes du Midi retrouvèrent leurs consulats, les villes commerçantes du Nord devinrent de véritables seigneuries ayant fief et justice. Les villes récemment fondées autour des monastères s'émancipèrent de la tutelle de l'abbé. Les villes seigneuriales ou prévôtales, établies autour des châteaux, obtinrent des chartes pour régler leurs rapports avec les suzerains. La royauté en octroya elle-même à plus de trois cents villes. Elle réussit même à placer sous sa protection toutes les communes laïques ou ecclésiastiques. Enfin les paysans libres, les serfs affranchis, constituèrent de leur côté des associations agricoles où se développèrent la famille-souche et la propriété collective. Les vilains fondèrent ainsi des *vavassories*, des *aînesses*, afin d'échapper aux conséquences de l'isolement où les laissait leur liberté conquise. La commune rurale, les biens communaux, les propriétés privées, les *portions ménagères* devaient en sortir un jour. La monarchie protégea longtemps cette indépendance et ces progrès des provinces, des municipalités urbaines, des communes rurales. Elle intervint entre les seigneurs et les bourgeois ou les paysans, pour maintenir la validité des contrats ou pour arrêter les entreprises illégales des premiers sur les biens comme sur les personnes. Si ces libertés s'éclipsèrent en partie sous la monarchie absolue, par suite de certaines nécessités, elles ne disparurent jamais entièrement. On peut même affirmer qu'il se fit au xviiie siècle un travail de réaction contre le principe de la centralisation. Les intendants allèrent jusqu'à obliger les paysans à se constituer en assemblées générales. La coutume de délibérer en commun sur les affaires locales précéda de beaucoup l'institution des *Conseils municipaux* (1787), qui s'établit à la veille de la Révolution.

Les cahiers de 1789 revendiquèrent cette tradition d'autonomie dans toute sa plénitude. On poussa à l'excès le principe de l'indépendance administrative, d'accord avec cette même tradition. L'étendue des attributions des anciennes communes ou des États locaux était illimitée. La justice, le droit de guerre, le droit de battre monnaie, celui de s'imposer, de se donner des lois, ne sont-ce pas là les marques de la souveraineté? Les états provinciaux n'exercèrent pas seulement leur autorité sur les intérêts spéciaux de la localité, mais encore sur les intérêts généraux du royaume quand ceux-ci touchaient à ceux-là. Une liberté si absolue était voisine de l'anarchie et menaçait parfois le pays d'un démembrement. La Bretagne par exemple fut longtemps rebelle à l'annexion. L'Assemblée constituante ne faisait que donner à des faits anciens leur formule quand elle se déclarait incompétente pour faire une loi municipale applicable à tout le royaume. Mirabeau affirmait que chaque commune était bien libre de s'organiser à sa guise. La municipalité de Paris élabora une *Déclaration des droits des communes* où il était dit que, si la sanction de l'Assemblée législative était nécessaire pour valider les plans d'organisation provinciale ou municipale librement élaborés, « cette sanction accordée devenait la *charte d'incorporation* de la cité ou de la province dans l'association générale ». S'il y avait de l'exagération dans ces idées, du moins elles prétendaient s'appuyer sur la tradition.

A ce moment, on eut le sens des véritables traditions du régime républicain, mais on manqua de l'indépendance nécessaire pour les réaliser. Les Girondins voulaient constituer une république de provinces confédérées. Cela était possible alors, parce que les unités provinciales avaient encore leur vitalité, leur activité propre. Le parti jacobin, le parti qui se portait héritier du régime césarien l'emporta. On étendit encore les droits que la monarchie absolue avait attribués à l'État.

Des nécessités inéluctables avaient conduit la monarchie à cette erreur : la fatalité du principe révolutionnaire y poussa violemment ses prosélytes. Pourquoi la monarchie absolue fit-elle passer aux mains de ses agents directs les fonctions que les autorités locales avaient si longtemps librement exercées ? N'est-ce point que les États provinciaux étaient devenus des foyers de résistance féodale ? que les anciens gouverneurs militaires prétendaient à l'indépendance seigneuriale ? que les villes en proie à des discordes intestines étaient obérées ? que les budgets municipaux étaient écrasés de dettes ? Au moment où elle se préparait à réorganiser les autorités locales, la Révolution vint substituer les *directoires* administratifs et les préfets aux intendants et les départements aux intendances et aux provinces. L'autorité centrale se fit sentir partout avec dureté. Sans doute il est utile que l'État stimule l'initiative et le progrès, mais il ne faut point qu'il prétende remplacer les énergies privées, qu'il blesse un seul droit, un seul intérêt. Le père de famille n'est-il pas mieux placé que l'État lui-même pour savoir ce qu'il est bon de faire ou d'empêcher ? Recevoir de l'intérieur des ordres à exécuter, sans qu'il soit permis d'opposer aucune observation, sacrifier à l'État tous les droits, lui concéder toutes les attributions, être menacé de révocation ou de dissolution en cas de résistance, cela n'a jamais passé pour une marque d'indépendance. La centralisation absolue est donc une erreur aussi grave que l'autonomie absolue. L'histoire et la vie de chaque jour le démontrent amplement.

La question se ramène à rechercher dans quelles conditions peut se faire la répartition des attributions administratives entre la commune et l'État. Or, l'unique *criterium* consiste dans la distinction des intérêts généraux et des intérêts locaux. Mais où est la limite qui sépare ces deux groupes d'intérêts ? Cette limite est difficile à préciser et elle paraît être essentiellement variable suivant le lieu ou le moment, suivant les besoins relatifs. Tout se réduit en pratique à « savoir s'il vaut mieux, dans l'intérêt commun de la cité et de l'État, de la commune et de la République, que telle ou telle affaire soit gérée par la commune ou par l'État ». Les droits de l'une et de l'autre lutteront incessamment et tendront à se faire équilibre. On ne saurait, par conséquent, imposer à toutes les communes une organisation uniforme, et le mieux serait de les laisser libres de se donner une organisation et des attributions spéciales, dont chacune pourrait discuter avec l'État les conditions. C'est une nouvelle rédaction des chartes qu'il faut entreprendre. Les fonctions de l'État sont limitées par celles des communes.

Tout ce qui engage les finances d'une localité a besoin d'être consenti par les habitants. Cette règle, qui fut le principe fondamental des libertés publiques de l'ancienne France, n'a rien perdu de sa valeur.

Tout ce qui peut être accompli par les habitants d'une commune, sans l'intervention de l'État, doit être livré à leur initiative. La police, la voirie, les travaux d'utilité locale, l'éducation, l'assistance, les améliorations de toute sorte dépendent de leur activité propre.

Comme ces diverses sortes d'intérêts sont essentiellement variables, suivant les localités ou les époques, les chartes qui en attribueront la gestion aux communes pourront se modifier dans le détail, mais elles devront renfermer des principes généraux dont personne ne pourra s'écarter.

Des chartes de cette sorte deviendraient la règle administrative des représentants de l'autorité centrale. La monarchie tempérée a pratiqué en France un système analogue durant cinq siècles. Les agents directs du roi, les prévôts, baillis, sénéchaux, devaient conformer aux chartes locales leur administration. La tutelle qu'ils exerçaient était une pure protection qui garantissait la validité des contrats. Pourquoi une si sage coutume a-t-elle été abandonnée ? Pourquoi n'essaierait on point une réforme qui s'en inspirerait ?

Plus la commune sera libre et plus le citoyen jouira de ses droits. La liberté politique cessera d'être une simple apparence pour devenir une réalité. Comment se former à la vie publique si la commune n'en est point l'école préalable ? Où est la sauvegarde des intérêts, si la gestion en est remise entre des mains étrangères ? C'est Robespierre qui disait : « Fuyez la manie ancienne des gouvernements de vouloir trop gouverner... rendez à la liberté individuelle tout ce qui n'appartient pas naturellement à l'autorité publique et vous aurez laissé d'autant moins de prise à l'ambition et à l'arbitraire. » Mais il est impossible de méconnaître cette autre vérité que plus la vie sociale se localise, plus il est nécessaire que l'unité nationale conserve son expression particulière. Autrefois la royauté offrait ce précieux avantage d'incarner en sa personne et dans la dynastie l'idée de patrie. « Au roi de gouverner, disait avec raison le comte de Chambord, à la nation de s'administrer. »

IV

Les rapports de l'Église et de l'État ont beaucoup varié en France, et l'on aurait tort de négliger les données de l'histoire pour trancher un problème tel que celui de la séparation des deux pouvoirs. La tradition nous montre ces rapports sous trois formes diverses : l'État asservi à l'Église, l'Église indépendante dans l'État, l'Église asservie à l'État. Laquelle est préférable ? ou bien à quel mode nouveau d'existence pourrait, dans la France démocratique, être soumise la religion ? Car, elle est une institution puissante, qui ne tire pas des subventions de l'État les principes de son existence, et, indépendamment de la question d'utilité sociale, il faut l'accepter comme un fait avec lequel une transaction s'impose, parce que nul n'a le pouvoir de le supprimer.

Au moyen âge, l'Église se présentait à la société barbare comme l'unique institution capable de lui donner une autre base que la force ou le droit de propriété. Elle avait sur elle le prestige de l'ancienneté et de l'autorité morale. Dans le chaos grossier du monde féodal, elle jeta un élément d'unité, en prêchant à tous les peuples de l'Europe la foi chrétienne. Les grandes luttes furent alors des croisades ; mais l'unité de l'Europe chrétienne ne tarda pas à se briser. A l'empire de Charlemagne succèdent des royaumes qui s'en séparent. Les intérêts temporels se manifestent, et la papauté, pressentant la ruine de son œuvre, combat pendant des siècles pour maintenir sur les couronnes la suprématie qu'elle s'attribue et pour faire l'unité chrétienne de l'Europe.

La lutte s'engage de bonne heure entre trois sortes d'intérêts : ceux de la papauté, ceux des églises locales, ceux des pouvoirs laïques. Rome prétend à une influence sur les gouvernements et à des bénéfices pécuniaires. L'Église de France, soumise au régime des élections canoniques, résiste au pape, qui revendique le droit d'investiture, proclame la suprématie des conciles sur l'autorité pontificale et la suppression des *réserves* et *expectatives*. A l'intérieur, elle prétend étendre l'exercice de son droit de justice et l'autorité du droit canonique hors du domaine ecclésiastique : elle rencontre les résistances des légistes et de la royauté. Le *gallicanisme* se présente ainsi sous trois formes : il y a celui des évêques, celui des parlements, celui du roi; il résume sa doctrine dans certaines maximes dites gallicanes, qui consacrent l'indépendance des évêques à l'égard du pape, l'indépendance de la magistrature à l'égard des tribunaux ecclésiastiques, l'indépendance de la couronne à l'égard de Rome et la suprématie royale sur l'Église de France.

La lutte pour la suprématie temporelle de l'Église sur le monde s'étend de Philippe Ier à Philippe-le-Bel, de Grégoire VII à Boniface VIII. Elle aboutit à l'asservissement de la papauté et au triomphe de l'Église de France.

Le xive siècle fut pour l'épiscopat français une époque d'indépendance, pendant laquelle il unit ses efforts pour établir en faveur de l'Église gallicane une constitution libérale qui l'eût affranchie tant du roi que du pape. Cette tentative se rattache d'ailleurs à un ensemble d'aspirations nationales qui tendaient à modérer les progrès de la centralisation et de l'autorité royale, à fonder à côté de la royauté des institutions aristocratiques et démocratiques, analogues à celles de l'Angleterre. Des conciles généraux et provinciaux se réunissent pour établir les bases de cette constitution, c'est-à-dire enlever au pape l'appel des causes ecclésiastiques, au roi la collation des bénéfices que celui-ci est forcé de lui concéder. Les conciles de Constance et de Bâle proclament le principe de la suprématie de l'Église réunie en concile sur le pape. L'assemblée de Paris (1418) impose au roi de reconnaître le régime des élections canoniques et au pape Martin V de renoncer aux *annates*. Charles VII accepte d'abord la décision, puis négocie avec le pape un *concordat*. Les assemblées de Bourges formulèrent enfin une *Pragmatique sanction*, qui devait être la charte de l'Église de France, que le pape refusa de reconnaître mais qu'il dut tolérer.

L'Église, par les privilèges qu'elle se réservait comme par les richesses qu'elle possédait, constituait alors un véritable État religieux dans l'État laïque.

Louis XI se chargea de briser cette puissance, comme Richelieu devait briser celle des protestants. Il supprima la *Pragmatique* dès son avènement, réalisant le désir de Charles VII. Il pensait arracher l'Église à l'influence de l'aristocratie, qui la dominait par les élections canoniques, mais il ne voulait point la replacer dans la dépendance de Rome, et il avait obtenu du pape le droit de disposer lui-même des bénéfices. Il finit par arracher à Sixte IV un *concordat* (1472) qui fixait les conditions de la répartition des bénéfices entre le pape et le roi, et que François Ier renouvela sur des bases analogues (1516).

Le système des concordats plaça l'Église dans la dépendance de l'État et l'affranchit temporellement à l'égard de Rome. La cause des évêques et celle du roi à ce point de vue étant la même, l'union se fit entre eux, quand éclata la crise qui précéda l'avènement des Bourbons. L'effort combiné de la papauté et de la Ligue pour replacer la royauté dans la dépendance de l'Église fut déjoué par l'abdication d'Henri IV, que l'épiscopat français reconnut pour chef.

La doctrine du droit divin devint alors une loi fondamentale et une condition d'existence de la monarchie. Le roi fut en France l'évêque suprême et le catholicisme la religion de l'État. La royauté se considéra comme investie d'une mission divine, et la nation, qui jusqu'alors n'avait vu en elle qu'une institution émanée de son sein, s'habitua à la considérer comme la plus haute image de Dieu sur la terre.

Cette forme nouvelle que revêtit la monarchie, par l'addition de l'autorité religieuse au pouvoir césarien, ne fut jamais approuvée par la papauté. Bossuet lui-même réserva son adhésion. Elle n'était qu'une contrefaçon de plus du régime byzantin, destinée à disparaître, dès qu'elle ne serait plus justifiée par les nécessités du moment.

La résistance efficace vint de moins haut. L'esprit schismatique souffla la révolte contre un tel ordre de choses. Quand on oublia les conséquences heureuses qui en étaient résultées : l'indépendance politique et religieuse garantie, la personnalité intellectuelle et morale de la France en possession d'elle-même; quand on ne vit plus que les conséquences funestes : la lutte du clergé et des parlements, la persécution légale des protestants, des jansénistes, des philosophes, des jésuites, l'État devenu inquisiteur, alors on osa s'attaquer ouvertement à la doctrine et à l'institution. L'Église et la royauté furent atteintes du même coup.

La Révolution brisa l'alliance de l'État et de la religion, mais elle plaça celle-ci dans la dépendance étroite de celui-là. Privé de ses biens, le clergé perdit toute garantie de liberté. Il cessa d'être propriétaire pour devenir un corps de fonctionnaires salariés. On déclara que l'une des attributions fondamentales de l'État était d'entretenir le culte. Mirabeau fit prévaloir cette thèse, pour transporter à l'État une prérogative qu'il n'avait point eue jusqu'alors. « Le service des autels, disait-il, est une fonction publique, une dette de l'État. » Il en concluait que les frais de ce service ne devaient pas être laissés aux particuliers, et revendiquait par conséquent pour l'État la propriété des biens ecclésiastiques. Le clergé fut dépouillé de toutes ses attributions civiles, de tous ses droits historiques, et asservi à l'État. On alla jusqu'à bouleverser la hiérarchie et la discipline. La *constitution civile* fit un schisme provisoire, en soumettant les dignitaires à l'élection des citoyens et en refusant au pape le droit de confirmation. On imposa enfin aux prêtres fonctionnaires ce fameux *serment constitutionnel*, qui divisa l'Église et fut le signal d'une odieuse persécution.

Le Directoire permit la réouverture des églises et la paix reli-- gieuse s'effectua par les soins de Bonaparte. Un *concordat* fut conclu, en 1801, entre la République et la cour de Rome, pour régler la situation nouvelle qui était désormais faite à l'Église. Ce concordat fut l'édit de Nantes du catholicisme. Ses effets durent encore.

Avant d'examiner si cette situation n'est pas la meilleure des solutions, il importe de savoir ce qu'on entend par séparation de l'Église et de l'État, ce que signifie ce mot d'ordre, s'il ne cache point un esprit nouveau de persécution envers l'Église ou un danger pour l'État, dont l'histoire nous a déjà fourni l'exemple.

Les partisans de la séparation de l'Église et de l'État savent-ils bien ce qu'ils demandent, et la dénonciation du Concordat n'est-elle point une arme de guerre? C'est d'abord singulièrement amoindrir la question que de la réduire à la suppression du budget des cultes. Une telle réclamation ne soutient pas l'examen, qu'elle soit dictée par un sentiment de haine ou par un motif d'économie. La persé- cution n'a jamais réussi qu'à fortifier l'Église en la régénérant. C'est ainsi que depuis un siècle elle n'a cessé de s'unir, de rassembler ses forces, de se concentrer sur elle-même, de se serrer autour de son chef suprême. Les économies seraient bien plus sensées si elles portaient, comme dit Proudhon, sur les subventions théâtrales et les dépenses de luxe. Du reste, sur ce point les engagements de l'État sont formels et Robespierre n'a point cru qu'il pouvait y manquer. Déchirer le contrat, ce serait rendre à l'Église le droit de revendiquer ses biens confisqués. Mais, d'autre part, serait-il téméraire d'affirmer que l'union de l'État et de l'Église est une nécessité sociale dans les conditions actuelles de leur existence? que les domaines du spirituel et du temporel ne sont point absolu- ment séparés? que la religion n'est pas une pure affaire de con- science, qu'elle domine nos actes, qu'elle préside à notre vie de

chaque jour et que les fondements mêmes de la société civile,
l'éducation des enfants, les lois du mariage, la constitution de la
famille, les funérailles relèvent d'elle? qu'il n'y a pas seulement
dans la religion une partie purement individuelle, mais encore un
côté social, pratique, collectif? que la morale se confond avec la
religion chez les âmes simples? que l'État lui-même, s'il n'a pas
charge d'âmes et n'impose plus un dogme, s'il tend à se laïciser,
a pour mission de garantir le progrès moral et par conséquent les
intérêts religieux? qu'enfin l'Église et l'État tendent à une même
fin par des moyens différents et qu'ils sont par conséquent solidai-
rement responsables de l'évolution morale de la société? Voilà les
raisons positives qui militent en faveur de l'alliance. Dans un pays
où le christianisme est professé par l'immense majorité des citoyens,
l'accord doit se faire sur cette base et les lois ne sauraient se mettre
en contradiction avec les mœurs pas plus qu'avec les croyances.
Mais, objecte-t-on, c'est une anomalie que de salarier un clergé
qui fait de l'opposition au gouvernement qui le paie. Point du
tout. Si l'État est le protecteur des intérêts de tous, il n'a pas le
droit d'en léser aucun, et, quand il s'y risque, c'est lui qui pro-
voque la lutte. La thèse de la suprématie de l'État conduit
elle-même à engendrer des conflits avec les intérêts privés. Est-ce
à dire que l'État doive dépendre de l'Église? Nullement, car elle
ne saurait prétendre à d'autre privilège que celui de l'influence
morale sur la société. Or, c'est à ce résultat que tendrait la
séparation absolue; elle ne pourrait s'effectuer, sans qu'on reconnût
aux églises et aux associations religieuses la personnalité civile, et
bientôt le clergé, armé d'une puissance redoutable, jouissant de sa
pleine liberté d'action, maître de la société, menacerait d'absorber
l'État lui-même. Déjà des sociétés civiles se constituent, comme
dans cette Amérique dont on préconise l'exemple. Ce qu'il faut
séparer, c'est la foi politique de la foi religieuse. Celle-ci est
indépendante des combinaisons passagères que le mouvement social
entraîne et ne se rapporte qu'à l'éternité. Celle-là est indépendante
du pouvoir ecclésiastique, en tant qu'elle le respecte. L'erreur
des catholiques libéraux fut d'associer la religion à la révolution;
l'erreur des catholiques autoritaires fut de l'associer à la cause

monarchique ou impériale. Mais, si chacun relève de sa conscience au point de vue dogmatique, il ne s'en suit pas que, dans l'ordre social, le pouvoir civil et la puissance religieuse doivent être ni séparés, ni associés l'un à l'autre. Le maintien du budget des cultes et des rapports de solidarité entre l'Église et l'État s'impose donc comme un acte de sage politique, de tolérance et de justice.

Le régime concordataire, qui fut une œuvre de pacification, qui assura la liberté et la publicité du culte, garantit aux évêques et aux prêtres un « traitement convenable », autorisa les fidèles à doter les églises, reconnut au chef de l'État le droit de nomination, au pape celui de l'institution canonique, donna au clergé et à l'État des gages d'indépendance vis-à-vis de Rome, en subordonnant les bulles pontificales à l'approbation du conseil d'État, consacra l'abandon des biens nationalisés, reste donc la meilleure garantie des bons rapports entre les deux puissances, dans les conditions d'existence de la société actuelle. Si la foi religieuse venait à disparaître, la question serait facile à résoudre. Mais, il y a une foi, il y a une religion, il y a le christianisme. La lutte entre l'État et l'Église n'a pas d'autre cause que la différence des moyens qu'ils emploient pour aider l'homme à accomplir sa destinée et cette lutte menace d'être éternelle. Le Concordat en règle les conditions. S'il est permis de souhaiter qu'on y apporte des améliorations, c'est en faveur d'une plus grande liberté de l'église. S'il serait dangereux de l'affranchir absolument, il serait injuste de l'opprimer. Entre une Église souveraine et envahissante comme fut celle du moyen âge et une Église incorporée ou asservie à l'État comme fut celle des temps modernes, il y a place pour une Église française, libérale et dévouée au bien public. Quelle que soit la forme politique, sous laquelle nous pouvons être destinés à vivre, monarchie ou république, les rapports de l'Église et de l'État ne sauraient être qu'un compromis entre les intérêts ou les droits de l'un et ceux de l'autre. Les conditions de ce compromis pourront varier dans l'avenir, mais les principes du Concordat de 1801 resteront la base fondamentale.

Il ne faut point considérer l'Église comme une institution d'État.

Il y a une société religieuse comme il y a une société civile. Les droits du chrétien ont les mêmes titres à la protection de l'État que ceux du citoyen. L'Église est une religion dont la Révolution n'a pas plus affaibli la constitution intérieure, que la science n'a ruiné ses dogmes et sa morale. Sa doctrine et sa hiérarchie sont les mêmes qu'il y a dix-huit siècles, et c'est mal la connaître que de croire qu'elle puisse consentir à n'être qu'une fonction de l'État. Le mieux est de la prendre telle qu'elle est et de s'entendre avec elle, car il lui reste encore dans notre société démocratique et travailleuse une grande mission morale à remplir.

V

Le principe de la suprématie de l'État appliqué à la solution des questions économiques aboutit aux conséquences les plus monstrueuses. Peu de tentatives ont été faites sur ce point, mais beaucoup de systèmes ont été élaborés. La liberté individuelle, la propriété, le droit d'association sagement exercé, sont des conditions qui limitent l'action de l'État et favorisent le progrès économique. Là plus encore qu'ailleurs, l'intervention de l'État ne saurait engendrer que le despotisme.

Le socialisme d'État est un système d'organisation sociale qui se propose de substituer, au moyen d'une agence centrale unique, l'initiative de l'État à celle de l'individu pour l'exploitation et la répartition des produits. Il se propose de rendre à la communauté la rente du sol, la plus-value qui résulte du mouvement social, de répartir également le travail, de soustraire les travailleurs à l'exploitation des patrons, de les rétribuer en raison de la somme de travail qu'ils ont fourni, de détruire la concurrence, de supprimer l'intérêt et de placer les capitaux aux mains de l'État. Les moyens sont la nationalisation du sol, la dépossession des propriétaires par le rachat, la spoliation, l'héritage.

C'est la doctrine qui s'est élaborée depuis 1840. Owen, Karl Marx, Henri George, Lasalle, Schäffe, Bakounine en ont été les apôtres ou les docteurs. Le nombre des disciples croît tous les jours. Ce système soulève de graves objections économiques et entraîne des conséquences morales redoutables. La rente du sol n'est pas toujours en hausse. L'État est moins capable de faire valoir la terre que l'individu. Les critériums actuels qui règlent la production cesseraient d'être et les besoins ne pourraient plus être évalués. Sans la propriété, la famille disparaîtrait. L'intérêt général se trouverait donc compromis. N'est-ce point aller à l'encontre du but à atteindre?

Ce système d'ailleurs se heurte à toutes les conditions actuelles d'existence de la société, dont les principales sont la liberté et la propriété. Une transaction s'impose donc aux socialistes entre ces conditions et leur principe, qui est la solidarité. Tout ce qu'ils peuvent espérer, c'est de faire accepter leurs griefs et de relever la propriété collective qui doit avoir sa fonction dans la société.

Ce n'est point de l'État qu'il faut attendre la solution des problèmes économiques. L'intervention de l'État doit se réduire à un rôle de protection et de police. Il doit respecter le droit que possèdent les individus d'associer leurs intérêts communs, en garantir l'exercice par de bonnes lois, protéger la liberté de chacun contre les violences des autres. En France, les lois sur les associations syndicales n'ont pas d'autre but. Quant aux profits à tirer du droit d'association, il appartient à l'initiative privée de les préparer.

L'ouvrier oublie trop ou ne sait point les avantages que lui offre l'association. Il est le plus souvent enclin à en faire un moyen de lutte, une machine de guerre. En réalité, les syndicats n'ont servi qu'à organiser la lutte entre des intérêts faits pour s'unir, qu'à soutenir des grèves. N'est-ce pas le comble de l'absurdité? Au contraire, le but à atteindre est de former, par l'union des individus appartenant à une même corporation, des groupes capables de gérer en commun leurs affaires, afin de produire des résultats supérieurs à ceux que pourrait obtenir l'individu livré à lui-même, afin de réaliser en quelque manière la remise entre les mêmes mains du capital et du travail et la participation aux bénéfices.

Sans supprimer ni la liberté, ni la propriété, il y a bien des moyens d'améliorer la condition des classes laborieuses. Les sociétés de prévoyance, de secours mutuels, les sociétés d'exploitation, de crédit, d'industrie, les sociétés coopératives sont tout autant de procédés efficaces qu'il s'agit seulement de bien appliquer, afin de supprimer les intermédiaires, les parasites, les consommateurs improductifs. Les collectivistes ont raison de réclamer l'exploitation collective, s'ils ont tort de placer la direction générale entre les mains de l'État. La société coopérative de production est une institution qu'on n'a pas assez expérimentée, dont les avantages n'ont point obtenu les faveurs populaires, mais qui est appelée, quoi qu'on dise, à un grand avenir. Il y a bien des vérités dans le socialisme, à côté d'erreurs monstrueuses. Pourquoi travailleurs et capitalistes ne s'associeraient-ils point pour exploiter un produit, une industrie ? Pourquoi les travailleurs ne mettraient-ils point en commun les petits capitaux qu'ils possèdent, en vue d'étendre la sphère de leur activité ? Pourquoi les riches ne prêteraient-ils point aux pauvres le secours de leurs lumières et de leur expérience pour réaliser des progrès utiles à tous ? Pourquoi les pauvres ne demanderaient-ils point aux riches de leur accorder ce concours? Les efforts de J. Dolfus à Mulhouse, de Lederlin à Thann (Alsace), et de tant d'âmes généreuses sont des exemples dignes de porter des fruits. Le patronage et la bienfaisance sont un devoir quand ils ont pour but, non d'encourager le vice, mais de protéger le mérite et le malheur. L'œuvre des logements ouvriers, les caisses de retraite, l'assurance contre la maladie, que de formes de l'épargne et de la protection mutuelle ! La femme au foyer, l'enfant hors de l'usine, le relèvement de la famille, quel noble but à atteindre ! Pourquoi la machine aux cents bras ne remplacerait-elle point ceux qu'un tel progrès enlèverait à l'industrie ?

Mais il ne faut point oublier qu'un si étroit rapprochement des classes suppose une profonde réforme morale, un changement complet dans les sentiments qui les animent les unes à l'égard des autres. Il ne peut s'effectuer qu'à la double condition de voir s'apaiser la haine de ceux-ci et se fondre l'égoïsme de ceux-là. Il faut que chacun ait le sentiment de ses devoirs sociaux. Le riche n'est point quitte envers le pauvre quand il lui a payé son salaire. L'application brutale des lois économiques n'est rien moins que conforme aux prescriptions de la conscience : la pitié, la charité sont des tempéraments nécessaires. Il y faut de l'humanité. Le pauvre doit en retour le respect et la reconnaissance. L'esprit de nivellement et la haine entretiennent précisément la lutte des classes parce qu'elles menacent les intérêts des uns et surexcitent les convoitises des autres. Aucune société ne peut se passer de hiérarchie. L'essentiel, c'est que les rangs soient ouverts à tous et que chacun comprenne quelle place il peut et doit occuper. La paix suppose l'ordre. L'ordre suppose le renoncement à soi même, l'esprit de sacrifice. Mais une telle réforme est impossible sans un relèvement du niveau moral et de l'esprit chrétien. On aura beau vanter la philanthropie, les entreprises humanitaires, on ne supprimera point cette question primordiale. Tant que la société n'aura pas d'autre base que la force, la lutte se poursuivra entre des forces contraires. Pour en atténuer les excès, il faut leur opposer la doctrine d'une âme immortelle.

L'histoire nous fournit un remarquable exemple de ce que peut enfanter la solidarité chrétienne. La vieille bourgeoisie municipale, qui formait une sorte d'aristocratie marchande et industrielle, exerça sur l'organisation économique du moyen âge une puissante hégémonie. C'est d'elle que, dans les villes, les gens de métier, les artisans, le « commun » reçurent leur impulsion. Les anciennes corporations n'avaient pas seulement pour but de protéger les intérêts généraux de l'industrie, mais encore les intérêts particuliers des membres de chaque métier. Elles se formèrent dans le principe par la libre fédération des ateliers. Chacun pouvait y trouver un travail assuré, un salaire proportionné à ses besoins et à ses capacités, et la bienveillante tutelle d'un maître dévoué. Les privilèges et les abus, la réglementation étroite changèrent plus tard les conditions d'existence des corporations. L'intervention de l'État, toujours plus nuisible qu'utile, acheva leur ruine. Mais combien d'exemples féconds n'avaient-elles point laissés !

Il ne s'agit pas de relever le régime corporatif, ni de faire ce qu'on appelle d'une expression aussi ridicule que pédantesque du *socialisme chrétien*. La tâche qui s'impose aujourd'hui c'est de favoriser l'évolution du monde industriel vers une organisation conforme aux besoins de notre époque. La grande industrie en modifie les conditions. L'ouvrier réclame à juste titre sa part dans ces profits immenses qu'il contribue à créer souvent au péril de sa vie. Il aspire à une place digne de ses efforts dans la cité du travail, aux loisirs que procure la machine. Il ne croit pas que le bénéfice doive rester indivis aux seules mains de l'entrepreneur. Ce qu'il réclame avec raison, c'est la suppression des spéculateurs, des financiers, des accapareurs, de ces innombrables parasites qui dévorent tout et s'engraissent de ses sueurs. Il veut avoir les moyens d'épargner, de capitaliser, d'acquérir un foyer, d'élever noblement sa famille. Voilà ce dont il faut aujourd'hui tenir compte. L'association et l'exploitation collective, telle est la forme nouvelle à laquelle l'ouvrier aspire.

La satisfaction de ces besoins ne dépend point de l'intervention de l'État, mais des efforts des uns et des autres pour s'unir librement par un lien de solidarité qui, sans niveler les classes, les rapprocherait. Le mal vient de ce qu'elles restent étrangères les unes aux autres, de ce que la vie quotidienne ne les met point en présence. Comment s'aimer, comment se respecter, quand on s'ignore ? Comment concilier les droits quand on refuse de se tendre la main ? Comment marcher d'accord quand on cherche à s'entre-détruire ? La réforme économique est donc subordonnée à la solution d'un problème moral, dont la donnée fondamentale est l'esprit de tolérance et de charité.

L'État-providence n'est qu'une forme ironique du despotisme.

. Que si l'on admet d'ailleurs la compétence de l'État en ces matières, cette compétence qui ne peut être que relative s'attachera-t-elle moins à une monarchie qu'à une république ? Si l'on se rappelle ce que des rois comme Charles V, Charles VII, Louis XI, Louis XII, Henri IV, ont su faire pour le peuple, les serfs affranchis, l'or du nouveau monde s'écoulant vers la France et s'accumulant dans la ferme du paysan ou du bourgeois d'alors, la petite propriété se multipliant, les traitants obligés de rendre gorge, les impôts réduits et la population périodiquement accrue, on se persuadera

que les questions économiques et sociales ne sont point le privilège
de tel ou tel régime, et que ce n'est point sans raison qu'on décer-
nait aux rois des titres comme ceux de *Bien-aimé* ou de *Père
du peuple*.

S'il est nécessaire de rappeler au riche égoïste que tous les
hommes sont frères et que tous les intérêts sont solidaires, il ne
l'est pas moins de rappeler aux socialistes la puissance de l'individu, à l'État les motifs de modestie qui s'imposent à lui.

Quelles que soient les conditions particulières auxquelles une
Société peut être soumise, il reste éternellement vrai que la loi
d'amour en est la base fondamentale. « Si vous brisez, dit Cicéron,
ce lien de sympathie qui est dans la nature des choses, il n'y a
plus ni maison, ni cité qui puisse se tenir debout; la vie des champs
même ne saurait subsister. » *(De l'amitié.)* C'est cette vérité
supérieure que le Christ annonça aux hommes et marqua de son
sang: « Aimez-vous les uns les autres! »

CONCLUSION

Ce n'est pas sans regret que nous avons écarté de cette étude des questions comme celle de l'enseignement public. Il eût été utile de montrer que ce prétendu bienfait, dont la République s'est réservé le monopole, n'est qu'une forme de plus du despotisme. Mais, la simple brochure que nous avions entreprise menaçait de prendre les proportions d'un livre et il a fallu nous borner. Au surplus, de nouvelles preuves n'ajouteraient rien à nos conclusions.

Après avoir défini les vrais caractères de la Révolution, étudiée dans ses principes et dans ses conséquences pratiques, nous avons fait l'économie de ce grand mouvement en montrant qu'il n'était que la crise d'un grand drame préparé par les progrès antérieurs de la nation. Nous avons dit que l'erreur fondamentale du libéralisme avait été de ne point faire à la tradition une part assez large, de ne point distinguer ce qu'elle renfermait de national et d'universel. Nous avons enfin recherché le rapport capable d'unir deux séries de faits également incontestables.

L'auteur de ce travail n'a point la naïveté de croire qu'il est parvenu à découvrir la solution tant désirée depuis un siècle. Il se fait d'autant moins d'illusion qu'il se persuade plus aisément de la difficulté de semblables problèmes. Il n'espère point convaincre les lecteurs de bonne volonté dont il sollicite la patience. Tout ce qu'il s'est proposé, c'est de faire un peu de lumière aux yeux des masses. Enfant de la classe ouvrière, il en a longtemps partagé les préjugés, et il pense que celui qui aurait réussi à préciser le sens de ces mots magiques qu'on leur jette pour exciter leurs convoitises et alimenter leurs passions, celui-là aurait de beaucoup avancé cette solution. Il serait bien payé de ses efforts, si sa brochure tombait aux mains de quelque illuminé sincère, en qui ne se seraient point éteintes les dernières lueurs du bon sens, qui possédât assez d'histoire pour suppléer aux démonstrations de fait qu'il a dû abréger, assez de droiture pour lire sans parti pris, assez de désintéressement pour réfléchir.

La crise révolutionnaire, que nous traversons depuis un siècle, touche à son dénoûment. Quel sera-t-il? C'est ce qu'il n'est pas encore facile de prévoir. Cependant, on peut sans être téméraire en montrer les conditions.

Or, d'où peut nous venir le salut ?

Est-ce des partis qui se disputent la prépondérance politique? Mais ne voyons-nous point que leur multiplicité anéantit la conscience nationale en la divisant à l'infini ? Et parmi tant de groupes divers, en est-il un seul qui puisse rallier une majorité sérieuse? Les partis ont juste assez de force offensive et défensive pour se faire réciproquement échec et se condamner à l'impuissance, au grand détriment du progrès des affaires et de la tranquillité publique.

Est-ce des classes sociales ? La vieille noblesse a perdu la plus grande partie de son prestige, et, malgré d'illustres exceptions, la plupart de ses membres semblent voués à l'incapacité. La bourgeoisie ne se distingue trop souvent que par son insolence et son égoïsme, sa fureur de jouissance et sa cupidité. Le peuple est meilleur parce qu'il souffre et que la douleur le rappelle parfois cruellement à la vertu ; mais l'esprit d'utopie a soufflé sur lui une nuée de chimères aussi séduisantes que dangereuses, qui se présentent avec l'aspect du bonheur, et qui traînent après soi l'illusion et la déception. La haine et l'ignorance se sont liguées pour corrompre en lui la raison et le précipiter dans les hasards de révolutions nouvelles. Entre les différentes classes, qui subsistent de fait malgré les lois, il n'y a que discorde et rivalités. La vanité, l'amour-propre, l'orgueil détruisent le respect d'une hiérarchie profondément bouleversée.

Est-ce de la Révolution? Une expérience séculaire ne prouve-t-elle point assez la stérilité des principes abstraits et purement rationnels en matière politique et sociale? Qu'a-t-on fondé? rien ! De tels principes n'ont eu de puissance que pour détruire. Si une société démocratique est issue de ce grand déchirement, cette société ne s'est point encore organisée, et, livrée à elle-même, elle en est incapable. Le libéralisme, tel qu'elle l'entend, n'est qu'une insulte à la liberté, parce qu'il se fonde sur une théorie, sans égard aux conditions pratiques d'existence du peuple français.

Ni les partis, ni les classes sociales, ni la Révolution ne possèdent cette puissance féconde, cette vertu créatrice, sans laquelle une société cesse de se développer et de vivre. Ne nous reste-t-il donc que le scepticisme pour refuge? Le scepticisme ! C'est le mal qui, sous toutes les formes, ruine aujourd'hui la France. Le scepticisme politique corrompt le citoyen, le scepticisme moral décompose l'homme. L'excès du mal en étouffe d'ordinaire jusqu'au sentiment, et il faut qu'un pays soit tombé bien bas pour s'aveugler sur son état véritable. Tout ce qui faisait sa force succombe et c'est à peine si, au milieu de tant de bouleversements, il subsiste quelques germes épargnés dont il puisse renaître. L'avenir est à Dieu, disait le poète. C'est la Providence qui préside aux mystères de la génération, comme elle dirige le monde. Elle répandra l'air et la lumière sur ces germes encore vivaces, que souillent des débris immondes, et qu'on appelle la famille, la religion, le devoir, la patrie. Mais il est nécessaire que nous y fassions quelque effort. Voilà la question qui domine toutes les autres. C'est notre esprit et nos mœurs qu'il faut réformer ; c'est en nous-même qu'il faut porter le fer et la flamme, afin d'en arracher les erreurs, les préjugés, les utopies, afin de purifier nos passions et d'allumer le flambeau divin de la vertu. Au scepticisme il faut opposer la foi, la foi sous toutes les formes : la foi religieuse, la foi morale, la foi patriotique. Dieu donne la première à celui qui le prie, la seconde se puise dans la conscience ; il n'y a pour la troisième d'autre source que la tradition.

C'est à la religion qu'appartient dans une société l'influence morale. C'est elle, et elle seule, qui a le pouvoir de faire des hommes. L'instruction, surtout l'instruction incomplète, le demi savoir qu'on distribue aux masses, n'est qu'une torche incendiaire promenée sur des matières inflammables. Elle allume dans le cœur des convoitises, des désirs d'autant plus dangereux qu'ils s'alimentent de l'orgueil et de l'infatuation. S'il faut à l'homme une instruction générale et professionnelle, qui le prépare à la vie publique comme à la vie privée, qui le dirige dans sa carrière d'ouvrier, de commerçant, d'industriel, de fonctionnaire, osera-t-on prétendre qu'il ne reste pas à faire l'éducation du cœur et de la volonté ? N'est-il pas vrai que la raison humaine n'est jamais si grande que quand elle s'humilie ? Que la vertu a infiniment plus de prix qu'une vaine science ? Où trouverez-vous des hommes au jour du sacrifice, si vous ne les avez point formés par la pratique constante des vertus chrétiennes et dans l'admiration sans réserve de la beauté morale ? Prétendez-vous donc dépasser le christianisme et placer votre idéal d'héroïsme dans je ne sais quelle sphère inaccessible ? Croyez-vous qu'il suffise d'être philosophe pour devenir un saint ? La foule ne comprend point votre morale ; elle ne voit plus que la matière, et c'est alors le cas de dire avec Pascal : « Qui veut faire l'ange fait la bête. » La vertu est une habitude et cette habitude ne s'acquiert que par l'influence de la religion. C'est elle qui élève l'homme, l'instruit de ses devoirs envers lui-même et envers ses semblables, lui impose au nom du Crucifié la loi de charité et d'amour. C'est par elle que peut s'opérer cette réconciliation des classes que la Révolution a faites ennemies, et se rétablir l'ordre social, qui repose tout entier sur la famille et sur la hiérarchie. Sans religion, il n'y a plus d'autorité ; car elle parle au nom de Dieu même qui est l'unique source de toute autorité. Si la société ne peut exister sans s'appuyer sur un principe d'autorité quelconque, il faut nécessairement que le respect de ce principe s'enseigne au nom d'une volonté supérieure aux volontés humaines. Voilà la mission sublime et éternelle de l'Eglise ! La morale et la religion sont naturellement unies par le lien le plus étroit ; les séparer, ce serait exposer le monde à la plus lamentable des catastrophes.

Le relèvement de la foi morale et de la foi religieuse est le préliminaire indispensable d'un retour à la foi monarchique, et ce retour s'impose lui-même comme une nécessité. Si un grand peuple pouvait se gouverner comme une simple cité ou un canton, on aurait quelque raison d'attaquer le principe monarchique. Mais l'expérience démontre le contraire. La royauté est une institution éminemment française, en qui se résument tous les instincts de la nation et à laquelle est attachée une tradition de douze siècles. La tradition monarchique serait-elle donc à jamais brisée, et les principes qu'elle renferme auraient-ils cessé d'être vrais ? La France serait-elle destinée à donner au monde le spectacle étrange d'un peuple merveilleusement doué, étouffant lui-même son propre génie, s'égarant jusqu'à déclarer faux tout ce qu'il a cru, jusqu'à répudier tout ce qui a fait sa gloire, et, dans un moment de délire extrême, jusqu'à déchirer sa propre histoire ? S'il n'est au pouvoir d'aucune réaction de ranimer les formes brisées que cette tradition a revêtues ; ce qui reste éternellement vrai, c'est que, suivant un mot profond de Polignac, « pour être durable et féconde, il faut que la liberté se développe conformément au principe qui a constitué le pays lui-même ». Le divorce entre la nation et la monarchie est la négation de ce principe. La France, qui est la patrie de la raison, s'est toujours distinguée par un égal amour de l'ordre et de la liberté. Si l'on se rappelle qu'appuyés sur le peuple émancipé nos anciens rois ont toujours marché dans la voie des progrès sociaux, on se persuadera, que, guidée par son roi, la nation demeure capable des plus grandes choses, que son rôle en Europe n'est point terminé et que son action civilisatrice peut être encore la première du monde. Mais, qui nous donnera la foi patriotique, si nous ne la puisons dans la communauté des souvenirs, dans la pensée toujours présente des gloires d'autrefois ? N'oublions pas qu'en France l'amour de la patrie s'est toujours identifié avec le culte du roi, et que c'est réunie autour de sa dynastie que la nation peut seulement reprendre conscience d'elle-même.

Est-ce à dire que la monarchie et l'Église doivent contracter entre elles une alliance temporelle, associer leurs pouvoirs, unir les deux glaives, pour dominer les peuples ? Nous ne le croyons pas, parce que leurs missions sont différentes, malgré les rapports

qu'elles peuvent avoir. Si l'influence morale appartient à la religion, aux rois incombe un rôle national. Cette distinction est
d'autant plus nécessaire que les intérêts des nations ne sont point
les mêmes et que l'Église est universelle. Pour avoir méconnu une
vérité si simple, on a suscité des luttes terribles, qui ont passionné
le moyen âge, mais que la société moderne ne saurait renouveler.
Les conditions matérielles et morales d'existence de l'Église ont
d'ailleurs bien changé. La religion est devenue plus intérieure, la
science s'est séparée du dogme, la liberté de conscience s'est
affirmée comme un principe incontestable. Le pouvoir civil et la
puissance religieuse se doivent donc le respect de leur indépendance propre. Mais ils se doivent encore un mutuel appui, car
leur but est le même, et c'est la fin de l'homme.

Enfin, il y a la liberté; et par ce mot, ce n'est pas seulement le
pouvoir moral d'exercer son activité, de se déterminer sans contrainte, qu'il faut entendre; mais, en se plaçant au point de vue
particulier de la société, c'est le droit de l'individu en face de l'État.
A quoi bon l'égalité, si l'on ne nous offre que l'égalité dans la
servitude? A quoi bon le régime parlementaire, si l'administration
est toute-puissante et irresponsable? A quoi bon des lois libérales,
si l'État se réserve les monopoles? C'est alors qu'il est vrai de
dire avec Tocqueville qu'on s'est contenté de placer « la tête de
la liberté sur un corps servile ». La liberté, c'est bien le droit
de participer à la formation des lois, mais c'est encore plus
la jouissance de garanties individuelles à l'égard de sa personne
et de ses biens. Or, l'innocent injustement arrêté, le contribuable
ou le citoyen lésé dans ses intérêts ou dans ses droits, le fonctionnaire en disgrâce, trouvent-ils quelque part ces garanties? A cela,
il n'y a qu'un remède, la liberté. Diminuez les prérogatives de
l'État, faites une distribution des droits plus équitable, ruinez cet
empire qu'ils appellent la paix, *pacem appellant;* détruisez enfin
tout ce qui limite l'action du citoyen et du père de famille, en fait
comme en droit, et vous aurez la liberté; vous aurez les libertés
vraies : celle de la conscience, celle de la pensée, celle de la parole,
celle de l'enseignement, celle du travail, celle de l'association,
celle de la famille, celle de la commune. La liberté, nous la vou-

lons sous toutes les formes, nous la voulons absolue. Si quelque
puissance doit nous sauver, ce sera la liberté ou la Providence.

Telles sont les conditions fondamentales, sans lesquelles il ne
saurait y avoir ni unité politique, ni paix sociale, ni patrie. La
religion, la monarchie, la liberté, ces mots expriment des vérités
à la fois nationales et universelles, qu'on ne saurait méconnaître
sans se renoncer soi-même, sans outrager le bon sens. Voilà ce
que nous ne savons plus. Voilà ce que des malheurs peut-être
prochains se chargeront de nous apprendre. Le mal caché dont
souffre l'Europe entière ne tardera point à faire éruption : elle ne
peut en être délivrée que par une grande crise. Qu'en sortira-t-il ?
Nul ne saurait le prévoir, mais celui qui a fait guérissables les
nations de la terre et qui tient en ses mains leurs destinées n'a-
bandonnera point la France, si la France fidèle à elle-même rentre
dans sa propre conscience, pour s'avouer ses propres fautes et y
lire les décrets éternels que son doigt divin a tracés pour jamais.

FIN

TABLE DES MATIÈRES

LYON. — IMPRIMERIE PITRAT AINÉ, RUE GENTIL, 4.